台灣
光電綠能
|通|識|讀|本|

從太陽能板、反核到生態浩劫、黑金弊案，
一次讀懂台灣的能源危機

鄭麗文————著

目錄

前言

「反核，反核，多少罪惡假汝之名而行。」

「自由，自由，多少罪惡假汝之名而行！」

1793 年 11 月 8 日法國大革命時期，知名政治家羅蘭夫人在被送上斷頭臺前留下這句名言，兩百年來一直不斷地提醒人們，自由應該要有理性的拘束，不能無限上綱，而走火入魔。

起草美國《獨立宣言》的先賢，堅信自由是當代社會裡生而為人自然就擁有的權利，更是永恆的價值。他們說過「造物主賜予人不可剝奪的權利，那就是生存、自由和追求幸福的權利。」好幾個世紀以後的我們，或許不一定會信仰上帝，卻始終相信《獨立宣言》筆下的自由，像是我們擁有了自由，一切就無所畏懼。

但是，當某些人將自由作為掩蓋自身不當行為的遮羞布時，不僅背離了自由的真正意義，更是走上偏離正義和道德的歧路。歷史告訴我們，不只是自由，一切看似高大上的政治訴求，一旦人們停止思考，都可能難逃同樣的下場。

21 世紀的台灣,為了跟上能源轉型,台灣的農地上紛紛築起了一片又一片的太陽能板,導致鳥類生態環境被破壞、魚苗開始離奇死亡,能源業者卻在巨大的破壞之下,坐擁著金山銀山,看似高舉道德大旗的反核運動,沒想到反而開啟了人性貪婪的黑洞。

第一章

種電：誰謀殺了十萬魚苗

豔陽高照，河流、遠處的沙洲、鄉間公路，
仍是我熟悉的地貌，
只是已經參雜了更為混亂的雜質與色澤。

01 十萬魚苗的離奇死亡

2023 年 5 月中,才進入夏天沒多久,空氣悶熱,許東琦一早就來到他在將軍區山子腳的魚塭,當他下車,走在水塘邊看到水面浮出蒼白的魚肚,他有不好的預感。他立即伸出一根綁著漁網的桿子往下探魚,整個人都懵了。不甘心的他立即快步沿著魚塭邊緣繞,再次下網,還是一樣,他下到水裡去撈,所有魚苗都靜靜漂浮著、失去了生命。一夕之間 10 萬隻魚苗全數暴斃。他幾乎聽不見任何聲音,死去的魚苗,各種姿勢都有,橫七豎八,密密麻麻,魚塭的打水機獨自旋轉,冒著白色的水花。

太陽炙熱,在衛星的觀察下,將軍區西濱公路以西,土地多轉作魚塭,不像公路以東用來當作農田。農田在衛星鏡頭下呈深綠、淺綠、淡綠,或是土地的淺黃色澤,而魚塭從高空中看去則是混著藻綠和打氧機的白色泡沫。

養殖場就像農地一樣,尋求穩定的產量輸出。魚苗大量死亡,就像剛插上的秧苗都枯萎一樣,投資的成本全部收不回來,而且損失更為嚴重。

養殖場負責人許先生,非常困惑,他畢業自中山大學海

洋科學研究所，五年前租下這塊地培育真鯛、黃雞魚、龍虎斑魚，對養殖技術相當有把握，出現這種情況，大大出乎他意料。

　　環顧四周，他想到點什麼，再仔細觀察。由於受過科學訓練，他知道觀察的重要性。他極目周遭，辨識與過往究竟有什麼不同，並且拿出他的筆記，查看養殖日誌。過去的學術訓練，使他不僅懂得知識，而且頭腦清晰，邏輯清楚。

02 為什麼這附近都是魚塭？

陽光澆灌在每一塊沒有遮蔽的地方，如果用高倍率顯微鏡查看，陽光像看不見的熔岩，會在任何表面留下焦灼、烙印的痕跡。

這裡很熱，熱到你絕對不想在陽光下曝曬超過 10 分鐘，而且也沒有什麼可以遮蔽陽光的東西，甚至連作物都不好長，也不容易找到樹乘涼，所以在這裡工作很辛苦。像過去千百萬年來一樣，滾燙的陽光鋪蓋萬物，在樹林、河流、湖泊、山丘、道路、橋梁、村落、城市等地標落下，也在果園、水田、旱田、水塘、魚塭、鹽田、蓮田、菱角田等地表釋放強大的輻射。台南是溫帶度過熱帶的第一個縣市，也是農業重鎮，西臨台灣海峽，炎熱自不在話下。

四千年前，台南的沿海可不是北門、將軍、七股等區，而是現在麻豆、佳里、善化等更深的內陸地區。四千年前的事，現代人怎麼會知道？

科學證據隨著時間總會浮出水面。本世紀初，考古學家和歷史學家在麻豆發現「水堀頭」遺址，由糯米汁、牡蠣殼、砂石加糖水混合而成的地面建築遺跡。幾經研究，確定

遺跡是碼頭遺址。而麻豆離現在的台南海岸線竟然有 30 公里遠。

　　北門、將軍、七股、學甲以至整個沿海地區，地質學家和水利專家用導電度和其他方式測量，此地屬高鹽化土地，說明古代海水可能曾經覆蓋這裡。

　　因為如此，台南七股、學甲、北門靠海的鹽地可以說荒涼一片，作物不易生長，又地處偏僻，不適合農作和飲用，大多土地都規劃作養殖漁業，地表除了大面積引海水的養殖場外，就是漁產道路和水路溝渠。這裡大約覆蓋了全台大部分的魚塭面積。地主種不出莊稼，只能把地圈成魚塭，自己養殖，或是租出去給人養殖。養殖承租人，就如同以前的佃農，是佃租養殖業者。這裡有大片大片的土地是由佃租戶承租土地投資養殖的，許東琦先生就是其中之一。

03 光電入侵，四面楚歌

將軍區山子腳養殖場有 10 萬魚苗不明原因死亡，魚塭主許先生蒙受巨大的損失。據聞這不是第一次產生這樣的現象，附近的養殖戶近年時不時發現自己的魚塭出現離奇的死亡個案。

幾年以來，台灣南部的自然環境發生很大的變化，我的朋友邱淑媞，出生台南學甲，長期關心故鄉台南的生態環境發展，是台南鳥會的會員。有鑑於此，她邀請關心當地的人、動物保護的人士、我和吳怡玎委員以及幾個朋友，到台南七股附近海岸，去看當地的狀況。我從台北搭乘高鐵南下，吳委員從娘家高雄北上，大家從四面八方趕到七股。

從北至南，一路上高鐵列車兩邊掠過台灣的農村景象，農地工廠，田地住宅，台灣西部的田園如同皮膚長了瘡，綠色田地當中凸出灰色、白色、藍色，醜陋的工業建築。我回想起小時候成長的嘉南平原，那時候農村是農村，工廠是工廠，彼此滲透的問題才剛開始。過不了幾年，羅大佑卻唱出了〈鹿港小鎮〉：「家鄉的人們得到他們想要的，卻又失去他們擁有的」，反映彼時工商社會入侵村里的現象。

七股的光電板空拍圖。（圖片提供：沈統斐）

豔陽高照，河流、遠處的沙洲、鄉間公路，仍是我熟悉的地貌，只是已經參雜了更為混亂的雜質與色澤。

　　過了嘉義縣水上鄉北回歸線地標，陽光在夏天直射地球最北的位置，氣候在此分界，以北是溫帶，往南就是亞熱帶氣候。陽光下，我的皮膚灼熱，這一切於我，都是如此地熟悉。

　　1980 年末，台灣興起民主化浪潮，我極幸運，在層層疊疊的歷史碰撞中，在政治的滔天巨浪中汜泳，於其中乘風破浪。我在台灣大學求學，對未來充滿想像，充滿抱負。整個台灣社會迸發無限的能量，求變、求新的暗流四處湧動。婦女運動、環境運動、勞工運動、民主運動，在整個時代中，我受到啟發，也參與，也試著推波助瀾。如果以 2000 年作為分界，在此之前，我從本土的文化回歸趨勢當中吸取養分，擴張了思維的空間，21 世紀，我在國外的學習經歷讓我超越了本土的框架，拓展了我的全球視野和思維格局。

　　在我們前往台南之前，透過媒體報導和民眾提供的照片，就已經得知土地上遍布著無盡的太陽能板，這樣的景象實在令人心情沉重，充滿難以置信的震撼。然而，當我們親自抵達當地，親眼見到這一切時，才更深刻地感受到問題的

嚴重性。

　　這裡多是水鄉，視野開闊，建築密度和高度都低，產業公路上車輛很少，農村顯得寂寥，烈日下一切如此安靜，但四處蔓延密布的光電板卻振聾發聵，讓人無法漠視。

04 死亡原因科學舉證的困難

　　就像性騷擾很難取證，不代表沒有發生過，魚塭魚苗暴斃，這種事情要找出科學原因，大部分普通的養殖戶都難以拿出證據。但是許先生畢竟是受過高等教育的科學訓練，不是一般漁民，他每天記錄影響養殖的各種情況。

　　疑慮重重，他又上上下下檢查魚塭本身有什麼異樣。他基本判斷，既不是氣候，也不是生病，看起來也不像被毒害。「驗證的話，首先你要創造事件發生時相同條件，比如相同的氣候，溫度、濕度，最後還要拿去化驗，化驗費沒有人會幫你出，這不是輕易的事。」魚塭主許東琦先生已經損失慘重，不可能再拿出錢去化驗，他的語氣嚴肅。經過詳細詢問，許先生才透露，如果把沒有賺到的部分計算進去，他這次損失至少 200 萬台幣。

　　在許先生這口魚池的周邊，其他的魚塭早被太陽能板包圍，為了讓大型機具能藉由大卡車運送，我注意到魚池旁邊還鋪設了嶄新的公路。除了沿著道路的長排路燈，就是形狀如同十字架的電線桿。這些養殖區的嶄新道路，不是為了漁業生產，而是為了照顧工程車的使用。他的魚塭緊鄰道路，

旁邊那塊地正在施工。

　　過去幾年來，附近道路非常忙碌，穿行不少大卡車，以及大型吊車、怪手、工程機具。他曾看過大片大片的、說不出是深紫色還是深黑色的太陽能光電板，在周遭的魚塭和濕地上被搭建起來。此前有些養殖業者擔心，地主會不會有一天不跟他們續租，把魚塭轉租給太陽能公司去「種電」，五年前許先生剛剛租下這裡養魚時，附近就在圈地，有不少周遭土地已是這種命運。

　　畢竟是看天吃飯的，養殖業或是農業，收入很難有個百分百保障。就像這次許先生的 10 萬隻魚苗暴斃，是千料萬料都沒有料到的。

05 水深水淺，漁民比誰都清楚

　　對於科學來說，魚苗暴斃，一定有原因。但是，許東琦沒有打算送去檢驗，在江湖上打滾，他知道這水的深淺。他不打算與附近的施工單位為敵，那背後是能源公司；他也不打算為難地方政府農漁主管機關。這些人他都惹不起，他只想安安靜靜地養魚，他想做到 60 歲退休。沒有科學檢驗，也沒有論證，業者也不可能自己花錢去做這檢驗。當地政府和業者大概也不希望有什麼檢驗吧？台灣的水產養殖業或者大學裡的漁產養殖系，也缺乏這樣那樣的動機，主動去調查研究。

　　魚苗生命脆弱，很容易被嚇死。國立高雄科技大學水產養殖系教授分析，魚苗遇到一點騷動就會亂竄，很不容易養活。

　　魚苗突然大量暴斃，以許先生的經驗，只剩一個推論，他不想講。我們很好奇，只好苦苦相逼，希望他告訴我們他的判斷。

　　「是被隔壁的工程『嚇死』的。」他很不願意說。「魚苗的第一個月最脆弱，動靜稍大一點就活不下去。」

我能理解許先生的為難。作為民意代表，我太知道像他這樣一個升斗小民，自食其力，處在地方錯綜複雜的勢力包圍下，他可能因言不慎遭到報復。甚至地方政府都可能會為難他。

　　據媒體報導，當地有五家養殖業者受到影響，地方政府立即協調光電業者進行調處。

　　「他們就協調施工單位，希望能與養殖戶說一聲他們打算施工的時間，我們避開那段時間下魚苗就是了。」他說。

　　「你真的不打算索賠？」

　　「只能算了。」他無奈地說：「況且，我也不是要去賺這種錢。」

　　光電業者黑白兩路通吃，政府要推動政策，光是這兩大勢力都能讓你吃不消。我明白許先生談到這件事時的吞吞吐吐、欲言又止的態度。他不願惹，也惹不起這些人。

06 當光電板侵門踏戶

「時正黃昏，泥黑的鹽田上反射一道褐黃的殘陽，銳銳如從地裡來，沉靜安然映照四周。土地的美與純淨一下勾起了人事的感念……」小說家蔡素芬在《鹽田兒女》序文裡如此述說。

這部描寫七股沿海小村中一段悲慘愛情的小說，意外地記錄了一個時代。蔡素芬感慨地寫道：「《鹽田兒女》留住了一些鹽田生活的印象，那麼往後的閱讀者，將在這書裡看到一個台灣的曾經，一個時代的曾經，但願讀到的是這樣的──曾有一個時代，一種生活，一種悲歡離合，它是那時，也是永遠。」小說裡描述的台南沿海的美好景象，正以超越小說家、超越民眾想像力的速度消失。

2002 年，在經歷了幾十年試圖降低成本的努力後，因為不敵國際製鹽產品質量上的優勢，台鹽公司宣告結束台南鹽田生產線，終結了三個多世紀以來台灣的製鹽產業。原本以為鹽田可以有些殘跡，可以變成濕地，或是變成魚塭，成為另一種風景。但我們來到這裡發現，舉目望去，取而代之的是到處張貼的狗皮膏藥──太陽能光電板。

按照農業部養殖漁業放養查詢平台的統計，2023 年牡蠣養殖全國申報養殖戶有 1,798 戶，其中 491 戶在台南，是全國最集中的縣市，其中平掛式養殖、浮筏式養殖的占比名列前茅。台南虱目魚養殖占全國比重 50%，龍虎斑魚占全國 32%，文蛤 41%，可說是養殖漁業的重鎮。

太陽能光電板的擴張，會不會終有一天消滅了魚塭和濕地？

一同踏查的台南本地人，向我詳細解說了當地農漁民的困境，在南部，1 公頃的土地出租給養殖戶年租金約 3 萬到 5 萬，租約 2 到 5 年。出租給太陽能公司，發電開始後年租金是 40 萬元，合約一簽就是 20 年。這樣「因勢利導」，結果不難想像。

結果就是，當地的產業型態和生態環境遭受了不可逆的破壞。這裡的農漁民，多數並非地主，卻對這片土地擁有著深刻的情感，但高昂的光電租金使農漁民難以找到適合的土地，投身農漁業的居民被迫失去工作。

曾經擁有恬靜田園景緻的七股，如今卻變成了熾熱的光電場地，這樣的轉變對當地居民造成了嚴重的影響。光電板的存在，除剝奪了他們的土地，也改變了周遭的環境，更使

七股龍山宮屋簷上的剪黏陶塑裝飾藝術，不同於一般廟宇常見的龍或卷草圖案，而是將當地特色融入其中，以黑面琵鷺與虱目魚為元素。（圖片提供：台南觀光局）

得居住環境遭受嚴重干擾。

　　七股龍山宮屋簷上飾有「黑面琵鷺」的圖案，有全世界獨一無二的黑面琵鷺牌樓，曾經是七股的驕傲。而現在，在它的周遭，曾經是魚塭和鹽田的土地早已被光電板所占據，曾經是觀光勝地的七股，讓遊客欣賞竹筏遊潟湖的風景，現

在也遭受到嚴重的破壞，讓人不禁心生唏噓之情。

這種變遷不單純是景觀的改變，更牽涉到當地的生計和文化傳承。在地居民不得不面對生計被剝奪、土地被侵蝕、生活環境被改變的無奈和痛楚。

07 室內型漁電共生

「魚池附近那時正在鋪設道路。」許東琦回憶。

早在他租下這塊地時，神祕莫測的財團、企業也悄悄在台南沿海地區進行圈地。鄰近的那些工程，他開車經過時，當下不覺得有什麼問題。現在侵門踏戶，就在他隔壁那塊地進行工程。站在魚池邊，咚、咚、咚，很遠就能聽得見聲音，雙腳也能感到地面微微震動。

2014 年至 2015 年間，農委會推出的「農電共生」政策就已經開始出現許多爭議，像是「假種田、真賣電」亂象。而 2018 年，在經濟部一聲令下，又接續推動「漁電共生」政策。在台南，光電板四處搭建已經引起各界的注意。根據《天下雜誌》報導，為了讓「漁電共生」能推動順利，政府還拉攏環保團體，催生「環社檢核」制度。

環社檢核指的是在室外地面型漁電共生型光電開發初期（選址過程），以快篩精神，加速漁電共生的推動流程，透過各項調查收整盤點大家關心的議題，再由光電業者提出環境與社會友善措施，達成光電、漁業發展與社會共存的目的。

明眼人都看得懂，政府巧妙地以「環社檢核」取代耗費時間較長、程序較為繁瑣、研究較為深入的《環境評估法》。按照《環境評估法》規定，環保署、各縣市政府要成立「環境影響評估委員會」，委員任期 2 年，專家要超過總人數的 2／3，7 位來自政府部門，14 位來自民間或學界，分別就文化資產、空污、水質、健康風險、氣候變遷、社會經濟等不同專業領域把關。在繞過了正規環評之後，民進黨政府食髓知味，變本加厲，為了加速「漁電共生」政策，連「環社檢核」這樣最低程度的環境守門制度都嫌麻煩，而發明了「室內型漁電共生」，徹底規避「環社檢核」。

　　漁電共生的戶外型光電，就是地面型光電，限制光電板覆蓋率必須在 40％以下，否則魚塭將暗無天日，所有漁產都養不活，但這對光電業者而言，規模太小，淨利過低，誘因不足。而室內型覆蓋率可達土地面積的 80％，較戶外型多出一倍，主要利用屋頂或其他建築結構來架設太陽能板，也就是我們看到最大宗的屋頂型、塭堤型或搭鐵皮完全封閉的光電設施。

　　相較於戶外型光電，室內型養殖需要較高的技術門檻，如 24 小時的水質處理環境控制技術，因此每單位面積成本

也較戶外型高出許多，卻還是深受光電業者的青睞。不但申請案件遠超過戶外漁電，2022 年的「向陽多元漁電共生計畫」聯貸案不只獲得 88.8 億元鉅額貸款，還獲得銀行團高度支持，超額認購 2 倍以上，認購額度達新台幣 180 億元，創下台灣金額最高的漁電共生聯貸紀錄。

台南沿海地形淡鹹水交接，先民在自然環境的引導下築堤圍塭，每當秋冬之際，休曬的魚塭，隨即變成前來避寒的黑面琵鷺與眾多候鳥們的自助餐館。一畦畦見底的魚塭，牠們可以在塭邊休憩，也可以在塭內覓食小魚小蝦，確保了充足的食物來源。

然而，隨著大面積的漁電共生專區設立，以及室內光電養殖場的遍地開花，這樣的自然風光，漸漸地被鐵皮與鋼梁所取代，與外界環境完全隔絕。

明明推動漁電共生的初衷，就是為了平衡環境保護與能源開發，但是室內漁電共生大幅增加了土地使用強度的同時，由於缺乏相關環境社會檢核和漁業管理機制，在大規模開發下，立刻面臨失控風險，將導致嚴重的環境破壞和漁業發展永續問題。

不僅如此，由於室內光電養殖場覆蓋率的限制，隔絕外

界的養殖場只適合養殖「底棲性魚類」，例如：龍膽石斑、筍殼魚等。然而，我們都知道龍膽石斑為體型最大的石斑魚，重達 400 公斤以上，光電板密密麻麻的鋼梁網絡，已經嚴重影響石斑的活動空間，石斑根本難以存活。肉食性的筍殼魚雖體型較小，但是飼料成本高，容易在冬季受影響。此外，水產繁殖物種的單一性，也可能對漁業發展與糧食自給造成嚴重衝擊。

台灣各地，特別是嘉義、台南、高雄、屏東等地區，因為對黨的服從，對能源政策的盲目追隨，因此對蔡政府的綠能政策開始毫無底線的支持。光從 Google 衛星去一塊一塊地檢視，我發現光電板在嘉義過溝、布袋，台南七股、學甲、北門等地，架設數量已明顯增加，正大面積地覆蓋在奄奄一息的魚塭上。

「我們發現一個將近 300 公頃、12 座大安森林公園大的室內漁電開發案，將以化整為零的方式出現在西南沿海，讓養殖業者流離失所；未來每年 12 億電費入袋，背後是同家企業，卻無法可管。」《天下雜誌》這樣寫道。

這篇報導的記者劉光瑩、謝佩穎、研究員楊時鈞還發現，台南、嘉義沿海地區室內型漁電共生案成長飛快，兩年

來已核准了 550 件，共有 800 多公頃室內型漁電申請案，占整體申請面積近 60％。他們還發現，截至 2022 年底，在台南已有 275 件室內型漁電申請案，占了全台漁電申請案的一半，相較之下，室外型漁電申請案只有 23 件。兩位記者還算出，「近兩年每兩個工作天就核准一件室內型」。

08 養殖漁業淪為綠能祭品

　　氣候變遷、全球暖化、海洋酸化、人類活動的合成效應是全世界科學研究，甚至是社會科學的前沿課題。漁獵農耕作為最古老的人類生存技能，海洋、河流、湖泊等於是人類的「第二糧倉」，提供了豐富多彩的食物來源。目前，陸上養殖超過海洋捕撈，是全球水產食物的主要來源。隨著全球貿易擴張、海洋捕撈成長率停滯，拍賣價格競爭、全球都市化等因素，水產需求快速增長。1987 年，全球水產養殖是 1,000 萬公噸，2017 年已經上升到 1.12 億公噸。中國大陸在 2000 年起成為全球最大的水產出口國，按照農委會水產試驗所的資料分析，2017 年中國大陸供應全球水產養殖 58％的產值。

　　比起中印等大國破百萬噸的水產產量，台灣出口產量加總才 6 萬噸，外銷能量產量不足，魚塭面積又逐年破碎，加上地表面積先天性限制，難以規模化養殖。2022 年 6 月中國大陸宣布暫停進口台灣石斑魚造成的「石斑魚危機」，凸顯出台灣養殖漁業的脆弱一角，其實背後有更大的危機。

　　中國大陸及東南亞崛起，台灣的養殖技術隨著台商在海

魚塭是一種人工濕地，作為海岸與陸地之間過度的動物棲地。
（圖片提供：余暉）

外投資，技術也跟著移轉，然而，隨著養殖技術移轉，也限縮了台灣石斑魚的外銷空間。台灣的人力居高不下，造成成本高，國際競爭力下滑，轉往內銷，市場有限，價格和產值遂逐年下滑。

　　如果還不正視這些問題，這個產業將愈來愈蕭條，政府還要長期補貼，鼓勵他們出口，但外銷又只局限單一市場，這樣下去怎麼行？台灣還要不要發展養殖漁業？台灣的養殖

漁業有上百年的養殖歷史，若是一個現代化的政府，標榜進步價值的執政黨不能解決問題，不僅看著它岌岌可危，甚至用光電板加速讓它消亡，這樣對嗎？

政府部門應該為產業提出策略解方，而不是補貼養殖漁業就算了，更不該用綠電來干擾本就體質虛弱的產業。

台灣養殖戶專注繁養殖魚蝦，已經跨越了一個世紀，早已融入漁村居民的生活模式中。既有的漁業水產外銷困境還沒解決，又面臨更嚴峻的挑戰，蔡政府的漁電共生政策無疑是雪上加霜，讓滿池的魚蝦水產受「種電」所害，災情只增無減，每一個魚塭中的魚苗蝦苗都逃不過暴斃的命運，而這並不只是單單一起事件，所有的養殖漁業正受到全面性的摧殘。

許東琦的損失是單一事件嗎？將軍區一個小小魚塭裡 10 萬魚苗離奇死亡，對台灣社會沒有整體環境的警示作用嗎？這個事件有怎樣的預示？

09 失落的青年養殖之路

每年秋冬途經七股時，總會見到黑面琵鷺優雅地在田間展翅，輕巧地在抽乾的魚塭上覓食；從北方遠道而來避寒過冬的黑面琵鷺，面臨光電進駐後，農地破碎化、濕地上鋪滿光電板，過去的棲地遭染黑的太陽遮蔽，黑琵與候鳥們又該何去何從？

從 1990 年代到現在，經過七股農漁民多年的努力，大家對濕地的保育意識逐漸抬頭，帶動了許多的「蚵男[1]」青年蚵農返鄉，卻沒想到，在蔡政府 2050 淨零碳排的路徑上，黑面琵鷺避寒聖地與青農返鄉之路，可能都隨著魚塭一起逐漸消失，只剩一片片的光電板。

七股的水產養繁殖已經有百年的歷史了，而「水產試驗所海水養殖研究中心」也將本部設在七股，因為七股位於台灣本島的最西端，地處濱海地區，有著豐富的地貌，包括潮汐灘地、沙洲、潟湖。得益於這些得天獨厚的自然條件下，

1　台南市政府觀光旅遊局（監製）。《蚵男。不難》（2013）描述台南青年黃翊誠返鄉投入傳統養殖產業的微電影。

七股更成為了水產養繁殖的重鎮。

在過去的一世紀裡，它不斷地帶領國內發展烏魚、文蛤、斑節蝦、九孔、石斑魚、虱目魚等重要產業，成為台灣養殖漁業的代表。

這裡是全台現存最老的水產試驗單位，其歷史甚至可以追溯到 1909 年，台灣在日本殖民期間的漁業發展計畫；到了 1918 年上鯤鯓設立「台灣總督府民政部殖產局附屬鹹水養殖試驗場」，經歷了多次改組與其他的試驗單位裁撤、整併，成為國內最老的鹹水養殖試驗場試驗單位，也就是現今的「海水養殖研究中心」。

台南七股是台灣鹹水產養殖的重要文化發源地，陽光下閃爍光芒，迷人又充滿人情味的魚塭，當然吸引了非常多有志在此的年輕人返鄉，還有許多專業養殖戶，包括高學歷的博士、碩士比比皆是，像我們一開始提到的許先生就是專業養殖戶的其中一員。

「青年返鄉」參與養殖業，不僅可以實踐文化傳承，青年投入產業後，利用自身專業知識與技能，不但有助於推動產業的發展和創新，也可以利用現代科技與傳統產業結合，從而在保持傳統特色的同時，實現更高效和可持續的生產方

式。最重要的是，這樣既促進了經濟發展，也減少了對環境的負面影響。

有人會說「種電很賺錢，已經沒有人想要從事養殖或種田的工作」，實際上是因為他們都是專業養殖戶，並非地主，也沒有權力要求地主一定要租地給他們，在光電業者抱著白花花的鈔票過來，面對價值觀與金錢的衝擊，地主又怎麼會願意將土地以便宜的價格出租給養殖戶呢？青農們又怎麼租得起昂貴的土地呢？

台南七股的確非常適合水產養殖研究，吸引年輕專業人才，讓台灣漁業研究發揚光大，不僅讓產業與環境共榮共存，還推動了生態旅遊觀光與環境教育，達到永續的目的，這不就是我們所嚮往的嗎？不就是我們想看到的嗎？

在政府十多年來積極推動青年返鄉，終於有成效之時，這樣的金權遊戲，卻把他們的夢想甚至人生都打碎了。

第二章

生態：風霜斑駁的羽翼

「當人類消滅其他生物的種群和物種時，
他等同於割斷了自己的左膀右臂，
摧毀自己生命維持系統的一部分。」

01 台江內海的前世今生

　　很久很久以前，在這片海岸尚未被命名之前，這裡早已是許多水鳥們的歡迎之地。當那些水鳥們自由飛翔於天際，漫遊於潟湖和出海口之間，牠們或許並未預見，有一天這片寧靜的風景會被打破……。

　　在五千多年以前，孕育台南文明的曾文溪口還是海平面以下的鹽灘地，在經歷數百年地震與河川沖積，成為現在嘉南平原的雛形。到了三千年前左右，隨著海退與沖積作用，河口的三角洲漸漸地順流向西北角突出，形成最初的「倒風內海」和「台江內海」。不只是來自北方的候鳥年年到此度冬，這裡也是人類從海域到台灣的入口。在地的平埔原住民西拉雅族，稱這片位於西南台灣的廣大潟湖群為「大員」，而這就是「台灣」名稱的起源。

　　曾文溪所夾帶的砂石與生物碎屑在出海口沉積，提供大量養分，孕育了豐富的底棲與浮游生物，吸引大批水鳥在此棲息過冬。而十六、十七世紀的大航海時代，則是開啟了台灣文字歷史的序幕。這片內海是漢人先民從大陸渡台後，最早墾殖、打魚、貿易的所在地。漢人、日人、荷蘭人都是從

此處登上了台灣歷史的舞台。

直到上世紀 70 年代，台南將軍溪的出海口附近，仍有許多魚塭和水塘，漁民搭乘竹筏在水面上捕魚，河口兩岸有野生紅樹林，潮汐退去露出泥面，肉眼可見許多生物活躍於林中。1980 年代，台灣迎來了經濟起飛後最巔峰的榮景，人均 GDP 高度成長，台灣錢淹腳目，和南韓、香港、新加坡並稱亞洲四小龍，台灣經濟奇蹟成為全球矚目的焦點。

然而，在當時大家賺錢賺到手軟，卻絲毫不關心在工業快速發展下，同時帶來的是巨大的生態浩劫。原名「古曾文溪」的將軍溪受到官田工業區的工業廢水、畜牧廢水，以及生活污水的嚴重污染，變得惡臭、渾濁，魚蝦絕跡。而這些惡臭，連魚都活不下去的廢水就排入台南的沿海，然後我們說這些廢水沒有影響，我們在沿海建立休憩區，養殖，近海捕魚，再吃到肚子裡。

一場巨大的變遷席捲而來。亞洲各國的工業化和人口急遽增長，使得沿海地區逐漸城市化，曾經在東亞河口泥灘徘徊的水鳥數量驟減。不只黑面琵鷺，還有諾氏鷸、紅腹濱鷸、大濱鷸、黑嘴鷗、斑尾鷸等鳥類也是國際瀕危的物種。

到 1992 年，全球黑面琵鷺的數量僅剩下 200 多隻，瀕

諾氏鷸，國際上認定屬於珍稀的水鳥，近幾年來，幾乎固定造訪台南的將軍濕地，然而隨著七股與將軍一帶（台 61 線台南段）已經到處林立的光電板，諾氏鷸將來是否依舊與台灣有約，已成為未定之天。（圖片提供：余如晦）

臨絕種。隨著人類文明的發展，已經有多達 100 萬種動植物面臨滅絕危機，生物多樣性每況愈下，生態系飽受威脅，從陸地、海洋到天空無一倖免。

　　人類大規模的開發導致物種滅絕，而生物的滅絕也對人類生存帶來危害。史丹佛大學生態學家埃利希（Paul Ehrlich）指出：「當人類消滅其他生物的種群和物種時，他等同於割斷了自己的左膀右臂，摧毀自己生命維持系統的一部分。」

最貼近我們的例子，就是 2020 年開始爆發的世紀疫情 COVID-19。因為人類無止盡的開發，造成各種生物的棲地快速消失，導致原本不會與人類接觸的各種未知的病毒，從此將反撲人類社會，形成一波又一波的流行疫情。

　　因此，2020 年 8 月，美國的防疫總指揮佛奇（Dr. Anthony Fauci）和流行病學家摩爾斯（Dr. David Morens）在全球最權威之一的生科期刊《細胞》（*Cell*），發表研究報告，指出未來流行病將變得更多，成為新的常態。科學家正式向人類宣告：「我們已進入了流行病的時代！」

　　除了 COVID-19 具有較高的傳染性和致死率外，許多傳染病的學者都指出，更令人擔憂的是，COVID-19 只是全球流行病的序幕。未來的流行病可能會更加頻繁，且擴散速度可能更快。

02 歷史總是驚人的相似

　　三十年前，1992 年底，台南七股地區曾發生一起驚心動魄的槍擊事件：三隻瀕臨絕種的黑面琵鷺，無辜地倒臥在血泊之中，其中兩隻被尋獲時已命喪黃泉，而第三隻也在被送至台北市立動物園不久後，離開了這個世界。

　　這起事件的背後蘊藏著謎團，誰是開槍的兇手？答案至今依然模糊不清。然而，在當時的背景下，濱南工業區的開發計畫成為了眾人關注的焦點。燁隆集團與東帝士集團分別鋪陳了名為「鋼鐵城」與「七輕石化煉油廠」等計畫，這些計畫卻與部分人士提出的黑琵保護區建議發生了激烈的衝突。或許，有心之人為了趕走這些被認為阻礙財路的黑面琵鷺，而心生不軌，結果意外射中了這些珍貴的生命。

　　為此，立法委員蘇煥智在 1996 年發起了「反七輕、反金權、疼惜台灣」的請願活動，抗議政府金權掛帥之下，只求發展經濟，而無視環境破壞。蘇煥智說：「1997 年陳唐山連任台南縣長時，我並不是要與陳唐山競爭，而是針對陳唐山要引進七輕、大煉鋼廠等高污染、高耗水的工業所表示的嚴正抗議立場。我的堅持只是為了保住台南沿海的生態自

然環境，不讓台南沿海變成雲林麥寮、高雄林園。歷經十六年終於阻止七輕、大煉鋼廠來設廠。在台南所做的堅持，就和陳定南在宜蘭反六輕的堅持是相同的事情，這不正是民進黨的創黨核心價值。如果沒有阻止七輕，如今台南就會像麥寮、林園一樣，空氣污染非常嚴重。」

　　從蘇煥智這段話中，我們就能充分理解，他的堅持與抗爭並不僅僅是為了一時的政治表現，更是為了保護台南的生態環境和居民的健康。然而，在這段歷程中，我們也可以看出，當時從陳唐山縣長到七股鄉陳啟明鄉長，從中央政府到地方政府，從藍到綠到黑，共同點都是以經濟發展為理由，極力推動相關計畫。畢竟兩大財團資產近 3,000 億，帶著 4,000 多億資金而來，誰能經得起誘惑？更何況在當年，民眾是支持開發的，不僅沒有環保意識，甚至還希望鄰近地價能愈來愈高。這樣的情勢下，要阻擋濱南案幾乎是不可能的任務！

　　三十年前的台灣，在保育上已惡名昭彰，生態保育的意識才正在萌芽，經過十二年的抗爭與奔走，終於在 2002 年，一片約 300 公頃的土地在曾文溪口北岸映入了人們的眼簾，這裡正式被劃定為「黑面琵鷺保護區」。這個決定並非

易事，是一群熱愛自然的人，用他們的汗水與堅持，打造出一片讓生物安居的天堂。

2009 年，台南市政府及其他保育團體的鼎力支持下，「台江國家公園」誕生了。這是台灣第八座國家公園，特別以濕地生態為保育主軸，這其中就包含了「黑面琵鷺保護區」。如同魔法般的變化，生態保護的理念已在台灣大地深深紮根。

就在這一年，內政部召開國家公園計畫委員會議，審議「台江黑水溝國家公園計畫」，通過該計畫並修正名稱為「台江國家公園」。這項決定也意味著濱南工業區開發的可能性已不復存在，這個消息無疑讓環保人士歡欣鼓舞，他們的長期奮鬥，終於開花結果。

今日，當人們在七股潟湖的美景中流連忘返，或許不曉得這背後是一群環保戰士付出了十幾年的青春歲月，他們曾在街頭呼喊、在抗爭中前進，為了這片土地的美麗、生物的安寧，他們用堅持與信念，編織出這個讓人驚豔的保育故事。

保育的工作走了三十年，多少人投入生態保育的工作，是希望能守護大自然的美麗，保留生物的棲息地，讓未來的

世代也能感受到這份恩賜。當初台灣缺乏生態保育的觀念，我們理解這需要時間，但三十年後的今天，為何我們又再一次看見農地的破壞，生物的家園被侵蝕？

三十年前傳出三聲槍響，三十年後，同樣這塊土地再度傳出槍聲，台南學甲的 88 槍，砰出的是「光電利益糾紛」，這一連串的環境破壞行為不斷在上演，彷彿時光倒流，歷史重演。三十年的時間，本應足夠讓我們擁有更多的覺醒和改變，然而我們卻仍然看到一片片農地遭受光電板的攻擊，生物的棲息地被不斷侵蝕。或許，這種情況令人感到難以置信，更讓人不禁問，這三十年來我們到底走了多遠？

三十年後的重蹈覆轍，是否意味著有人並未真正從過去的教訓中學習？是否已被背後的商機和利益所淹沒？

03 千里追尋黑面琵鷺

　　長長的「大砲」鏡頭重達十幾二十斤，年過七十的王徵吉累了就從左肩換到右肩，扛著「大砲」四處奔波，他沒時間在乎腰間掛著尿袋，這不妨礙他，他要拍攝今年度冬的黑面琵鷺。

　　體力當然比不上罹癌前，但這是他半生致力的事，他的意志比石頭還堅硬，他要用他的餘生投入記錄黑面琵鷺。

　　1992 年，財團有意開發台南七股成為濱南工業區，就有一群當地人士以保護瀕危鳥類黑面琵鷺為由，阻擋土地開發計畫。那一年，在七股度冬的三隻黑面琵鷺被開槍射殺的消息突然傳開，震驚了世界。台灣因此登上國際新聞的版面，成了惡名昭彰的生態殺手。報社為了採訪新聞，派了唯一有大砲的攝影記者王徵吉南下。

　　在梁皆得的紀錄片《守護黑面琵鷺》裡，王徵吉訴說著他投入拍攝黑面琵鷺的經歷，臉上總浮泛的笑意，很難想像他經歷過巨大的創傷。那年他被報社臨時派去拍攝這個新聞，一去就愛上了這種候鳥，再也不能自拔。這種鳥從北國朝鮮半島 38 度線附近的離島，快入冬就南下，直到中國大

陸東南沿海的香港附近，其中，台灣西部濕地是牠們最大的棲地。

全球有九大候鳥遷徙航線，離台灣最近的一條北從西伯利亞，沿著東亞大陸邊緣一直到澳大利亞以南，幾乎將北極圈、南極圈連成一線。候鳥跨越國界、跨地域的能力，正是台灣人突破被封鎖於國際社會之外，渴望走向全球的一種隱喻。

王徵吉自從跑了這趟新聞後，對琵鷺這種候鳥的熱愛一發不可收拾，他開始研究這種動物。1994 年，他的夫人和母親跟著他一起去南非拍攝非洲琵鷺，卻不幸發生交通事故，母親、愛妻罹難。巨大的衝擊將他徹底擊潰，強烈的悲痛讓他無法再扛起攝影機。沉寂一段時間之後，他想起愛妻一直支持他去拍攝這種鳥，於是試著重新拿起大砲鏡頭繼續追尋，這一走，就是三十年，再也停不下來，從中年到老年，就算身懷癌症也不放棄。他一面拍，一面參與全球黑面琵鷺保育教育、演說、保護計畫，一生傾心於黑面琵鷺。

1980 年代末，在社會變遷劇烈的震盪下，民間的活力一下被釋放，人們重新梳理人與國家、社會、自然的關係，逐漸走向更為自發、自省，並且轉向更為良善、文明的面貌。

野生動物保護和自然環境走到今天，實屬不易，前面多少人默默付出，並未在歷史上留名。在大自然母親面前的這群人，只求留下青山綠水給後代子孫。

04 光芒背後的生態哀歌

　　台灣地形高山峻拔，氣候溫暖潮濕，雨水通常來得快又急，從高處流失的雨水很快就到臨海河口。因此出現樣貌豐富的各種濕地類型，有沼澤、灘地、潮間帶、沙洲、潟湖、小島、水庫、廢耕田濕地、人工水塘等。

　　濕地占地球表面不多，但它是乾淨水源和自然碳的儲存室，也是抵禦天災、減緩氣候變遷的重要地點。濕地裡的泥炭控制大量二氧化碳，容量是全球森林存量的兩倍。現在因為過度開發，焚燒林地，再加上光電板、發電風機等入侵，大規模破壞了珍貴的泥炭地，使得被封存的二氧化碳釋放至大氣，加劇了氣候變遷。

　　所謂「綠電」瘋狂滋長，造成的生態災難不只在台南發生，其實已在全台各地蔓延開來。其中，包括知本濕地。

　　我們知道台灣東部因為沒有大規模的工業污染，開發較晚，保留了許多自然資源。但是現在，「綠能」這個披著羊皮的狼潛行到了這裡。環境工作者黃瀚嶢在他那本富有自然、人文視野的報導文學《沒口之河》中，如此介紹台東知本濕地：「知本溪口因為過往曾有唐白鷺與琵嘴鷸的發現紀

錄，加上二級保育類烏頭翁普遍在此繁殖，以及其他稀有鳥種頻繁造訪，知本濕地早在 2000 年已被國際鳥盟認可為『重要野鳥棲地』（Important Bird Area, IBA），也一向是台東賞鳥人的祕境，但終究是祕境。在東方白鸛的新聞過去幾週後，2015 年初，知本濕地很快有了更大的新聞——濕地東南側出海口遭不明人士以怪手掘開，湖水湧流入海，僅剩下幾窪小水池，其餘陸化成為草地。」

　　台東知本濕地被國際鳥盟評為 A1 的重要野鳥棲地，可想而知，這裡除了鳥還有豐富的生態系統，否則單單是鳥怎麼活下去？我們知道，濕地具有防洪、淨化河水入海、調節氣候等功能。不知道什麼原因，這裡遲遲沒有被規劃為「國家重要濕地」，也沒有被評為「野生動物重要棲地」，如今，此地被相中要空出 161 公頃種下光電板，現有的法律幾乎都保護不了這塊自然之地。《濕地保育法》、《海岸管理法》中「現有濕地零損失」、「自然海岸零損失」的規範都使不上力。現實上，就算有很多保育類動物在此活動，當面對人類的貪婪，什麼也擋不住。更可悲的是當國家要達到「綠能」目標，即便這裡是原住民傳統領域，即便文明國家都重視的野生動物棲地這些理由都沒用。在巨大利益面前，

這些棲地算什麼？

黃瀚嶢這樣寫道：「……知本太陽能光電廠的標案，已由新加坡的韋能能源得標……包括污染、廢棄物、失去緩衝帶形成的災難、流亡的生物、還有少數保留在沖積扇上的文化，扔到其他我們選擇不理會的『荒野』，例如，把這裡變成光電廠後，讓污水直接排進海洋，讓動物和原本在這裡活動的人自行離開到其他野地，等於局部滅絕……」。知本沖積扇原本是塊生態瑰寶，就在國家機器與政策掮客的共謀

嘉義及台南地區許多魚塭或是滯洪池，以水面型或採高架方式濫設光電板，導致許多雁鴨科鳥類無處棲息，根據統計，近幾年來以台灣作為其度冬區域的水鳥總數已大幅下降。（圖片提供：余如晦）

黑面琵鷺。在光電板尚未氾濫前,嘉義義竹北華村的濕地是一處沒有多少鳥友知道的鳥點,黑面琵鷺在此地聚集的數量皆以數百計,去年開始,為了鋪設光電板,竟然將布袋通往北華的道路封閉,如今整座村莊已被光電板包圍,至於當地黑面琵鷺的狀況根本無人聞問。政府經常將黑琵來台度冬的數量逐年增加當作是政績,但黑琵的數量增加是因為繁殖地國家的保育成功,其中包含中國大陸,政府卻始終不提。來台度冬的黑琵很快便轉往他地,近幾年許多愛鳥人士納悶為何黑琵比過去難尋,其實答案之一是廣東沿海的黑琵數量逐年增加。(圖片提供:余如晦)

下，竟然面臨滅絕的厄運。

不僅是光電板，為了達到淨零轉型的目標，風電發電機也入侵全台各海岸線。彰化芳苑永興海埔地設置了巨大的陸上風力發電機，當地是大杓鷸、黑面琵鷺、黑翅鳶、小燕鷗、大濱鷸，以及其他野鳥出沒的地方。這些野鳥越過大海，越過國境，越過南北回歸線，從一個洲到達另一個洲，把台灣跟全世界串連在一起。

在芳苑永興海埔地開發環評會議中，一位有良心的農委會代表希望業者能重新選址：「這裡蓋、那裡蓋，要叫野生動物到哪去？」不僅中南部，北部海岸也不能倖免。新竹市海山漁港，就在漁港內挪出了 6,000 平方公尺的面積搭建光電板。從天空俯瞰，地面露出暗暗反光，一看就知道是光電板。附近是野鳥棲息地，包括黑面琵鷺。新竹市野鳥學會理事長陳萬方接受公共電視採訪時說：「如果你從鳥的觀點來看，當牠從高空飛下來選擇棲息地的時候，牠通常選擇綠地、潮間帶濕地或是泥灘地。」

光電板一搭建，濕地就變少了，每搭一塊，野鳥就少了一個地方棲息。

05 命運多舛的守護黑面琵鷺之路

　　1989 年黑面琵鷺全球只剩 288 隻，經過全球動保組織的復育和保護，2012 年增長到 2,693 隻，仍是瀕危物種，而其中超過半數選擇在台灣過冬，而且幾乎全在台南沿海地區。

　　黑面琵鷺喜歡河口、濕地、潮間帶，討厭人為活動和污染嚴重的地方，是具有環境指標意義的野鳥，受到全球許多國家的重視。長期以來，台灣有一群保護牠們的人士，包括賞鳥人、養殖業者、公務員、繪本作家、學者、紀綠片工作者，以及許多無名的愛心人士。更是跨地區、跨國家合作的介面。

　　2020 年全球黑面琵鷺已達到 4,864 隻，只要提到這個難能可貴的數字，愛鳥人士就難掩喜悅之情。舉步維艱的保育工作終於露出曙光，總算有了具體成果，可以讓人暫時鬆一口氣，這要歸功於南韓和大陸復育人士不懈的努力，因為北方是黑面琵鷺的繁殖地。

　　每年冬天，黑面琵鷺從朝鮮半島、中國東北、西伯利亞往南遷徙數千公里，到台灣、香港與安南等地過冬。其中，2020 年來台過冬的有 2,785 隻，仍超過半數，而且以曾文溪

新塭九區，位在新塭與義竹之間，對面是北港製鹽所，九區旁原來也是魚塭，過去也有大量水鳥棲息，但現在變成光電板案場。更東邊的北華村也已被案場包圍，九區是目前台灣規模最大的黑琵度冬棲地，至於原來最富盛名的七股，黑琵早就寥寥可數。（圖片提供：余如晦）

下游七股濕地等棲地為主。中華民國野鳥學會公布《2020台灣鳥類國家報告》指出：「雖然近年來黑面琵鷺的族群量明顯增加，但威脅並未消失。由於道路開發及太陽能光電場的設立，造成黑面琵鷺在台灣西南部的棲地逐漸喪失。」命運多舛的守護黑面琵鷺之路，在光電板的巨大陰影籠罩之下，黑面琵鷺的未來又再度凶險艱難。

七股龍山宮，牌樓上特有的黑面琵鷺和虱目魚剪黏陶

塑，訴說著這裡的漁民、虱目魚和黑面琵鷺和諧共生共存的美好生態。這裡的養殖漁民通常在養殖季節會留下較小的虱目魚和其他雜魚讓黑面琵鷺大快朵頤。因為黑面琵鷺嘴喙覓食的樣子特殊，像大湯匙的扁平嘴喙，會左右快速掃撥，配合快速的步伐移動，一觸及魚身即以嘴喙夾緊，再仰頭吞食。這種覓食動作「邊攪邊撥」，非常討喜有趣，因此在地人都暱稱牠們「撓杯」。

而今政府為了達成綠能目標，以財利誘導地主轉租，導致台灣西南沿海地區的光電板鋪設如火如荼，蔓延速度飛快，於是，魚塭不見了，撓杯的五星級自助餐也消失無蹤，野鳥的棲地隨之快速短少、破碎化的情況一日甚過一日，怎能不令人擔心呢？

台灣濕地保護聯盟的籌辦人之一翁義聰教授道：「牠們要的不是精緻的人工棲地，二十一片平坦開闊的潮間帶，以及早足夠的警覺距離，增加心裡上的安全感，因而留下來過冬。牠們只要一片保護區，再也不必日夜擔心因貪婪人類無止境摧殘進逼，進而失去在台灣僅有的一片落腳處。」

過去我們因為對野生動物保護不力遭到國際指責，也受到制裁。曾經，七股被規劃為工業區，打算填海造陸，開發

煉油廠、煉鋼廠。這些都被環境和野生動物保護者擋了下來。雖然曾文溪口北岸 300 公頃土地被劃為黑面琵鷺保護區，但仍不足以維護黑面琵鷺族群和濕地生態系統的穩定。因此台灣濕地保護聯盟長期以來一直倡議，要保護急速消失的台南沿海濕地，才能維持棲地與生態多樣性，並保護近海漁業、生態旅遊與水資源，以達到永續利用。

如今，政府為企業打開大門，讓他們在濕地上蓋太陽能板，消滅魚塭。一旦濕地（包括魚塭）一塊塊被光電板覆蓋，黑面琵鷺就會失去最大的度冬棲地，讓這個脆弱的物種再度面臨生存的嚴峻挑戰。

06 出租種電沒那麼好賺

　　南部的地主，有很多已經住到北部。有些因為都市化，子女搬到北部或在城市工作生活，或地主發財的各種原因，在城市置產。下一代子女再也不務農了，南部鄉村人口流失，農地沒人承接，也沒什麼在管，要不就是管理不善，收入不好。出租給光電業者，1 甲地每年 40 萬元，如果你有 2 甲多的地，年收入輕輕鬆鬆破百萬，對於競爭激烈、壓力頗大的城市生活，這是很好的補貼，能提高不少生活品質。

　　對於太陽能公司，這更是一本萬利的商業，他們每一甲地每年產出的電值，接近 600 萬元。

　　對於地主來說，好處不僅如此，種電後土地變更，從農業變成特目用地，賺完二十年租金，再變成建地，之後賣出或去貸款。《天下雜誌》的記者劉光瑩跟蹤光電案調查很久，2020 年她就發現「根據『非都市土地變更編定執行要點』，特目期滿後可再變成特目，包括幼兒園、宗教建築、發電廠、變電所、土資場、廢棄物清除處理用地、污水處理設施等 29 種特目。」

　　在這種商業邏輯下，可以預測，僅僅二十年內，台灣將

體無完膚，不用等到 2050 年。

綠電是政治正確，沒有人敢逆風，因為這是全球的趨勢。但一件事可以精緻細膩地推動，也可以簡單粗暴的「運動化」。綠電政策已經淪為台灣版的「農業學大寨」。為了達到淨零轉型目標，可悲地完全變成「運動式綠電」。

但事實上，地主真的有這麼好賺嗎？

光電開發，許多既得利益的廠商雇用土地仲介執行，他們口沫橫飛地說服許多人跟他們簽約，660 平方公尺（0.06公頃）以下的土地用作種電，不需要土地變更；1 分地年租4 萬元，手續簡便，簡直是針對大量持分較小的地主所設計的政策。

這將導致台灣的土地破碎化更加嚴重，產業更無法產生規模效應，令人擔憂台灣農業的未來。因為農民將以收租金替代耕種，光是屏東小型光電場就有 400 多座。有不少老農後來發現，業者沒有告訴他們的是──要課重稅，同時將來他們將喪失農保資格，稅也提高了，其中包括地價稅、土地增值稅、所得稅。這些都將侵蝕掉那 40 萬租金的基礎，沒有人告訴他們剩下多少利潤。

07 在高速公路上發電

　　為了利用地表裝設太陽能板，很多國家都絞盡腦汁，不會像我們這樣沒有限額地肆虐。

　　高速公路、火車鐵道等表面很長，直接接受日照，而且已經是被占領的地表，適合用來發電。

　　在高速公路上發電，需要很多創意來解決安全和效率等問題。以瑞士來說，他們在高速公路上安裝「屋頂太陽能」，先在道路高處蓋上高架天橋，在其上鋪設太陽能板，然後在支柱天橋的柱狀結構上，安裝垂直型風力發電機組，雙效合用。工程師分析，高速公路安裝太陽能板，可以降低噪音，改善粉塵，擋住霜雪降雨、刺眼的日照，還能夠收集雨水。

　　但是反對者指出，由於風吹雨打，耗損週期很短，若是有零件掉下來，會對道路安全產生嚴重後果。

　　但是無論如何，從他們會選擇在高速公路上安裝，就可推論這個國家很重視國土上任何一塊地表。不會認為有地就要利用殆盡。

　　如果頂上型太陽能板會造成疑慮，那麼以太陽能板做成

的隔音牆可能安全顧慮就小了。依據《上下游》的報導，瑞士靠近巴塞爾鄉村州吉貝納赫地區（Giebenach）的 A2 高速公路路段，就安裝了直立式隔音牆太陽能裝置，由於直立受光面積不如平面，在高速公路外側立面調整為斜立面。不要忘記地球會自轉和公轉，陽光 24 小時和四季照射角度不同，直立面雙面都能受光。

許多國家在裝設太陽能板上都費盡心思，不像我們如此粗暴。中國大陸的山東省濟南，2017 年出現了高速公路路面型太陽能板，這條 1 公里多長的路面不僅能發電，還可以幫電動車一面跑一面充電。根據媒體報導，這條路每天有 45,000 輛汽車經過，發電量是 923KWH。太陽能採用的是透光混凝土＋太陽能元件＋絕緣體三層結構。最上層透光混凝土有 90％的透光率，三層結構不超過 3 公分。如果說高速公路都能安裝，那一般公路當然也能安裝。法國諾曼第的一個小鎮 Tourouvre-au-Perche，早在 2016 年就安裝了 1 公里長的太陽能道路。如果距今六年前的法國就能辦到，台灣沒有理由不能。

只是，要先確保太陽能板的毒性不會流入地面，污染了土地和地下水源。

世上的事，就是這樣，很少能完美。

08 水庫偷偷種電

　　曾文水庫完成太陽能發電系統的招標，馬上，就要在水面上頭搭建太陽能板，引起用水民眾的反彈。其實全台幾個水庫早就陸陸續續搭建太陽能板。嘉義的烏山頭水庫、高雄的阿公店水庫已搭建了太陽能光電板，開始發電一段時間。台南市政府在 2021 年發布一篇新聞稿為水庫種電辯護：

　　目前國內已完成的水域型太陽光電站包括：新竹寶山水庫、金門金湖水庫、台南永康科技工業區滯洪池、樹谷園區滯洪池、高雄阿公店水庫、屏東大武丁、烏龍、大潭牛埔排水滯洪池等地。

　　光電板經過風吹日曬雨淋，會不會滲出有毒化學分子，台南政府打包票說不會，太陽能企業也說不會。但這是網路時代，網上各種能人很多。號稱畢業於清華大學光電工程研究所的達人──傻蛋與石頭，針對「太陽能板是否含有有毒物質」就以專業分析如下：

　　太陽能板是由什麼材料組成的呢？一般來說，太陽能板

分為晶體矽型和薄膜型兩種。晶體矽型太陽能板主要由矽晶圓、玻璃、鋁框架和銅電線等組成，而薄膜型太陽能板則是在玻璃或金屬基板上塗佈一層非晶矽或其他半導體材料，如銅銦鎵硒（CIGS）或碲化鎘（CdTe）。這些材料中，有些可能含有一些有毒物質，如鎘、鉛、矽、砷等重金屬。如果這些有毒物質沒有妥善處理，可能會造成生態環境的污染，進而影響人體健康。

姑且不談無法確定的事，就說在灌溉、飲用水的水源地，特別是水面上或緊鄰的周邊土地搭建光電板，就是一項有風險的政策，根本是拿全民的生命開玩笑。為了「非核家園」政策，先是污染空氣，現在又很難說會不會壞了一池春水，這不是一個負責任的政府該做的事。

2023 年 6 月下旬，嘉義大埔鄉公所申請在曾文水庫設置浮力式光電系統，嘉義縣議員李國勝、陳福成建議嘉義縣政府不可以同意任何單位，在供應民生用水的水庫設置太陽光電發電系統，獲得全體議員連署通過。縣長翁章梁道：「設置光電板是兩個層次的問題，第一是否有毒？這是科學問題；第二是不管有沒有毒，只要老百姓有疑慮就該面對，不

應該設置。」

　　很早以前，民間就傳言太陽能板有毒，這是台灣民間長期以來對所有工業化和商業化生產的合理懷疑和不信任。結果為了推動綠能政策，代表政府的能源局和廠商代表站在一起，聲明太陽能板絕對沒有毒。幾年前能源局副局長李君禮道：「太陽能板由玻璃、鋁跟矽晶組成，都是無毒物質，且後續封裝過程也須經國際安全標準檢測。此外，台灣是全球第二大光電電池出口國，若散布不正確消息，恐影響出口，傷害產業。」太陽光電系統公會理事長郭軒甫指稱，針對有人散播不實謠言，誤導民眾，公會已請律師，未來不排除追究法律責任。

　　這種政府站在企業一方，置民生用水於風險之中，企業因為有政府部門撐腰，以提告作為威脅，不讓社會質疑的事，我以為只有《水滸傳》的時代才會有。

　　公共電視的報導中，有台南市民指出：「畢竟光電板裡面是鎘，有重金屬成分，如果它破裂的話，或是一些天災地變的話，我覺得是有機會散發到我們土地或是我們水源裡面。」

　　台灣畢竟是民主法治的社會，豈有這種威脅就不敢發聲

的道理。台南市議員周奕齊接受採訪時表示：「今天如果沒有事情還好，萬一如果發生自燃的火災，火災之後會發生就是什麼事情？就是很多的有毒物質，會直接流入到我們水庫裡面。」

09 光電板怎麼處理？

2023 年 5 月，我在立法院質詢中研院院長廖俊智關於「高效太陽光電」、「太陽能光電板」技術和產業研究，雖然他回應光電板回收技術成熟，但有技術不代表台灣會做。

經濟部統計處 2023 年 7 月 17 日發布產業經濟統計指出，在全球淨零碳排浪潮推動下，近年各國均加速再生能源建置，全球再生能源占總發電裝置容量比重逐年攀升，從 2017 年之 32.1％，上升至 2022 年之 40.2％，增加 8.1 個百分點；同期間，台灣增加 12.1 個百分點。

再生能源裝置容量近五年平均年成長率，台灣為 21.9％，高於全球平均之 9.1％；如與亞洲主要鄰近國家相較，台灣亦高於南韓的 18.9％、中國大陸 13.3％及日本 6.9％。台灣太陽光電及離岸風電裝置容量近五年平均年增 40.6％及 147.6％，亦高於全球平均之 21.6％及 27.4％。

太陽能板的使用壽命大約二十年，若是在高鹽、高熱、多颱風的沿海地區，壽命可能更短。已經有人在彰化的魚塭旁棄置 800 片太陽能板。2022 年，日本也爆出發現幾萬片廢棄太陽能板，早期日本推動的太陽能裝置，已經差不多到了

汰換的時候。回收廠說，再這樣下去，回收廠也負荷不了。大量光電板廢棄的時代，在日本只是開端。

我們的《再生能源條例》催生出大量生產的光電板，在野外，在新建房屋的屋頂，家家戶戶都安裝，我們有足夠的回收技術、空間和容納空間，去處理未來幾百萬噸的光電板嗎？

在我們研發高效能光電技術的時候，在我們推動四處建設光電板的時候，我們有沒有同時推動處理廢棄光電板的技術升級？

起碼我在 2050 年淨零轉型的計畫裡沒有看到。這不是把問題丟給未來的社會嗎？這個世代，你們賺得盆滿缽滿，把問題丟給子孫去處理，這樣是負責的態度嗎？

2025 年太陽裝置容量目標是 20GW，2035 年後每年會有超過 10 萬公噸的模組要被丟棄，每年也會有 0.5％因為各種原因提早退休的太陽能板。

矽晶太陽能板主要成分是玻璃、鋁框、電池，並以醋酸乙烯酯聚合物（由有麻醉毒性的乙烯及對小白鼠能致癌的醋酸乙烯酯產生的聚合物）充當黏著劑。這是不可隨意丟棄的廢棄物。是不是有毒，在我們全面缺乏上帝視角的完整知識

下，誰也沒有資格說沒有。

　　台灣太陽能板的回收處理，現階段有經濟部能源局代徵費用，現行保管。並在收購費用中計算，1,000 元／kw，模組回收 0.0656 元／1 度。目前台灣只有兩家合法處理機構可以處理廢太陽能板，並獲取日本和德國處理的意願。而超過50 片，業者要在限定時間內，自行或由政府媒合送到指定地點（意味著要自行吸收運費）。有關單位卻說「已經能因應現階段廢太陽光電板量能與天災發生時大量損壞的情形。」

　　在一個爐碴都四處傾倒的社會，廢棄太陽能光電板會不會被偷偷傾倒，很容易推論出來。

10 我們現在做的事將來會不會後悔？

自從留學回台，進入政治工作，主持媒體節目，這二十多年來我生活在台北。但也因為政治工作，我經常到台灣各地工作或是訪查，了解社會民情。我對台灣整體的發展從過去的樂觀，到現在極度憂心。

過去七十年來，台灣的經濟曾威震四海，但環境整體品質也直線下降。這是我們的共業，不論住在天龍國，還是恆春或者深山老林，每一個人都嘗過甜頭，也嘗到了苦果，同時將付出慘痛的代價。

從嘉義南部的八掌溪，到台南境內的急水溪、將軍溪、七股溪、曾文溪，嘉南平原上每一條河都直接或間接養育著台南的文明，需要被感激。我們生活的方式及經濟發展，應該以不損害自然生態為限，不能無限制擴張。不論誰執政，這都該是跨越黨派、跨越世代的執政基本方針——無論如何，都要保住自己居住的環境為底線。但事實上，我們連這樣的眼光也缺乏。

過去我們做的事情，因為缺乏知識和研究，根本不知道對大自然會造成什麼影響，而結果就是自然向我們反撲。

比如我們建水庫，河堰、攔砂壩、河岸護堤，保障了內陸的居住安全，但這些工程在數十年後導致河川下游的河砂不再堆積。別以為不再堆積泥沙，跟清淤是一樣的。河口沒有足夠的泥沙鞏固，海水就會入侵，遇到颱風，就產生海岸侵蝕的現象。以西部海岸為例，許多海岸環境急遽惡化——從堆積型變成侵蝕型海岸。曾文溪出海口北岸的沙洲每年往內陸退縮 15 公尺，威脅台南七股潟湖的環境和附近居民的身家性命。大自然的性情，我們終究還是難以琢磨。

　　那麼，我們又怎麼知道，我們現在做的事情，對以後沒有負面影響？我們的知識夠不夠面對未來，尤其在氣候變遷下？過去我們已經自食惡果不是？

　　作為立法委員，我的職責之一是為公眾、為了我們的未來子孫，對政府的政策把關。作為個人，我很擔心的是我們的社會發展，我們整體生活的品質，以及影響自然環境的所有大小事。

　　台灣 70% 是山地，走沒幾步就是海岸線，一腳就跨到海裡。不論過去還是將來，台灣既然是座島嶼，一定與海洋密不可分。海岸線，包括河海交會的所有地方是我們與海洋接觸的第一空間，是生命綿延不絕的演化舞台，是水路物種的

生存棲地，是我們與世界連結的「第一類接觸」。但是，我們為了短近的生活需求，在沿海地區進行海岸工程，以為沒有大礙，誰知道，有些海岸工程會影響到海水漂沙的平衡，嚴重的地方，沿海居民要搬遷，長此以往，台灣連蕃薯形狀都要不保。台南的黃金海岸就深受其害，跟三十年前比，海岸線內縮嚴重，原本 50～100 公尺的沙灘消失，已經威脅到海岸公路。很難想像，未來三十年會怎麼樣？

　　四百年來滄海桑田，我們現在做的事，甭管是政治、經濟、軍事、還是產業的，都將形塑台灣的自然和人文環境。

第三章

政策：金權交織的國土之痛

如果公民和政府對於土地違規使用沒有共同的決心去杜絕，
即使再好的空間規劃，
也無法真正落實在現實的國土治理上。

01 竭澤而漁的能源政策

當我們走進台南七股區，看見光電板在七股潟湖以內陸地四處滋生時，證實了我的疑慮，地表上完整的魚塭、濕地變得破碎，全都覆蓋了深色的太陽能光電板，他們就像是穿山甲身上的鱗片一樣堅硬，鋪天蓋地，嚴嚴實實，透露著淡淡沉斂的光澤。

太陽光電的裝置容量從 2016 年的 1.25GW，成長至 2021 年的 7.65GW，在短短五年內成長了 6.12 倍（非經濟部說明的 5.15 倍）。這也揭示了許先生的魚塭旁出現打椿、搭建太陽能光電板的現象從何而來。

根據蔡政府 2025 年的能源政策，預計是「5：3：2」的配比，就是 50％天然氣、30％燃煤發電、20％再生能源，其中太陽能裝置量目標為 20GW，按照經濟部的設計，包括屋頂 8GW，其他地面 12GW，而要達到這個目標需要 2 萬公頃的土地。

2050 年再生能源占比還要提高到 60％至 70％，太陽能光電板的目標更要擴大到 40GW 至 80GW，表示還需要增加到 6 萬公頃的土地。

光看這些數字會「霧颯颯」，到底有多大呢？

20,000 公頃＝200 平方公里；60,000 公頃＝600 平方公里

我找出參照數，台北市的面積是 271.8 平方公里，若要達到 2025 年 20GW 的目標，幾乎占了台北市面積的七成，更不要說 2050 年想要達標的話，總共需要「三個台北市的大小」。

如果我們用 Google 地圖去看看台北市的面積，再想想台灣整體面積有 70％是山，平地、盆地及其他土地只占了 30％，土地有限，可說是寸土寸金。台灣不可能再生出兩座台北市，這些土地面積將要從現有的農地、森林、山坡、水庫、河口想辦法生出來，覆蓋其上。想想這會是多麼可怕的景象。

我們已經在屏東的山坡地、台東的河口、花蓮的林地看到光電板的肆虐，秀林鄉甚至砍樹種電，把種植二十年的林地推倒，打下 10 多公尺的長樁、架設黑乎乎的光電板，這簡直是倒行逆施，完全顛倒綠電的原始本意。

2022 年 6 月初，台南七股漁民、鄉里幹部及環保團體聚集在中寮社區活動中心，因為經濟部能源局在此地召開會

許多光電板下面，不論是魚池還是農地，早就荒廢，沒有養殖，也沒有種植。
（圖片提供：余暉）

這種安排光電板的方式，影響正常的養殖作業，也擋住某些漁產的食物——藻
類，所需要的陽光。（圖片提供：余暉）

議。他們在場外抗議光電開發總量過高，屬於過度開發，公版契約保障不足，損害漁民的「漁權」。

七股光電已經達到國家光電目標 20GW 的 1／20，當地里長說：「已經貢獻那麼多電，應該讓七股土地喘口氣。」

02 小二甲之亂

2016 年政黨輪替後，民進黨為了實現非核家園，立即推出野心勃勃的綠能政策，宣示「全力衝刺太陽光電」，從此種電爭議的綠色衝突便未曾停歇。由於法令內容寬鬆且不完備，導致太陽能光電板的大規模設置，讓農地變得支離破碎，「小二甲」之亂終於浮上檯面。

小二甲的爭議可以追溯至 2018 年，當時經濟部能源局修正「非都市土地申請變更為太陽光電發電設施使用興辦事業計畫審查作業要點」：2 公頃規模以下之申請案件簡化申請程序。目的是為了加快主管機關審查作業流程，提升綠能發電推廣成效。由於開放了 2 公頃規模以下的申請程序，導致小二甲眾多混亂局面紛至沓來，形成了一系列失序現象。

到了 2020 年夏天，光電板攀爬上苗栗山頭，入侵石虎的棲息地，各種離譜的亂象紛紛浮上水面，不到 2 公頃的光電開發案件紛紛湧現，總面積累積超過百公頃，社會才開始重視此議題。因此，2020 年 7 月 7 日農委會終於在輿論的龐大壓力之下，關掉 2 公頃以下農地種電的大門。

雖然農委會想要止血，關閉 2 公頃以下農地種電的門，

但上有政策下有對策，道高一尺魔高一丈，光電業者也找到了當初修法巧門，2020 年 7 月 7 日，雖然規定 2 公頃以下土地一律不同意變更，但因為存有但書：除「被其他用地包圍、夾雜的零星農地」，才可由地方政府同意變更，由於此但書再加上地方政府的配合，造成變本加厲的「小二甲之亂」，不難看出蔡政府打開了小二甲潘朵拉的盒子，根本無力收拾！

在台南我們可以看到的例子就是，「白沙屯案總圖」及「七股五天 296MW 太陽能光電場」[1]。前者指的是光電業者的種電計畫，裡面提到光電業者分三階段大量在台南後壁區蒐購土地，第一階段取得 36.88 多公頃，第二階段取得 20.41 多公頃，最後再取得 12.5 多公頃，合計約 70 公頃。不能變更 2 公頃以下土地，沒關係！光電業者就買下土地，再將大面積農地切割、化整為零，變更為非農用後開始種電，進行大規模開發，規劃農地種電。

1　力暘能源與中租能源合作開發台南市七股區「天英、天心、天柱、天任、天芮」五案場，投資約 200 億，土地面積 287 公頃，裝置容量 296MW，年發電量約達 4.2 億度，統稱「七股五天 296MW 太陽能光電場」。

「七股五天 296MW 太陽能光電場」同樣也是用化整為零，切割土地躲審核，更惡劣的是，力暘能源為了搶地，竟是以檢舉魚塭塭寮等手法，趕走原承租人，再用「小二甲」模式送審興辦計畫書，進行土地變更，最終取得國有地。

　　在當時，承辦該案場申請的三名科長，認為該申請案不合常理，怎麼能將 200 公頃土地化整為零，因此提出意見。令人感到匪夷所思的是，最後，這三名科長竟然分別遭到調職。

　　顯然，2020 年宣布的修改要點簡直形同虛設，根本擋不住業者與地方政府的上下其手。畢竟當時是社會有爭議、業者有反彈之後，農委會才做多方解釋。行政院為了要推動綠能發展，似乎也打算睜一隻眼閉一隻眼！選擇視而不見的放任態度令人難以接受。而讓人更瞠目結舌的是，蔡政府的政策出爾反爾。過去，農委會再三強調要關閉農地種電大門。現在，為配合「綠能發展區」，要二度修改相關規定，再次解除 2 公頃以下農地禁止變更限制。

　　這樣反覆無常的政策改變，表現出蔡政府為保護我們的農地所做的承諾、所開的支票，都只是花言巧語，無法兌現，缺乏長遠規劃，讓人難以信服。

03 三個科長的調職

據《菱傳媒》報導，行政院顧問、力晹能源總裁古盛輝以惡質方式——檢舉魚塭塭寮，趕走原承租人取得國有地，再化整為零用「小二甲」模式送審漁電共生計畫。當時有三名台南市府承辦科長提出不同意見，但三名科長均遭到調職。[2] 檢調單位接獲檢舉，展開大規模調查，懷疑是遭業者動用關係強制調職。鎖定經發局前局長陳凱凌，以及其他涉案人員。

陳凱凌是個什麼有故事的人？經過檢調單位的深入調查，對他收受賄款等金流的細節瞭如指掌。令人震驚的是，陳凱凌不僅多次接受廠商的性招待，更在他的薪資帳戶上有著一筆購買仿真情趣娃娃的紀錄，金額高達 49,000 元！這些事實揭示出一個令人咋舌的現實，或許，在這些看似表面的事件背後，隱藏著更多難以想像的故事和祕辛。

台南地檢署最近的一系列動作引起了大家的關注，不管

---

2 台南市府對此發出聲明：市府各局處均有科長輪流調動，了解局內不同業務，三位科長均無降調或不當處分。

是正副議長的賄選案、學甲88槍擊案、又或是陳凱凌收賄案相繼被起訴。然而，在這些起訴書中，對於備受矚目的「光電弊案」卻一字未提，這令人感到相當疑惑。是否南檢故意回避光電案的涉及？這種疑慮不由自主地湧上人們的心頭，彷彿其中有著不為人知的神祕力量在操縱一切。是什麼原因讓這個案件成了如此敏感的話題？背後是否隱藏著更加深不可測的陰謀？答案或許正躲藏在地檢署的深處，等待被揭曉。

而三位敏銳察覺到問題的科長，在這種情況下仍然堅守著自己的原則，不願意隨波逐流、同流合汙。這種堅定和正直的態度實在令人欽佩，值得肯定。

04 有政策會暗算的低地力

　　2016 年麥寮鄉公所配合農委會提出「嚴重地層下陷地區不利農業經營得申請設置綠能設施之農業用地範圍」計畫，有三個村被劃為「不利耕作區」，抗爭都還沒落幕，2020 年又有橋頭村、施厝村、崙後村、雷厝村、新吉村、三盛村、中興村等七個村，面積廣達 1,100 公頃，全數被農委會劃設為「低地力土地」納入光電區，居民各個繃緊神經，害怕四年前的噩夢重演。當時無論藍綠陣營，包括地方 4 位議員和鄉長、11 位鄉代、13 位村長共同向副總統賴清德陳情。

　　整個事件令人遺憾的是，政府似乎一直想方設法使用「不利耕作」及「低地力」的名詞來進行圈地行為，但是這種劃設的做法毫無根據，沒有標準。

　　蔡政府為了達成 2025 年太陽光電設置目標 20GW，是不會因為當地居民的抗爭而有所收斂的，相反的，2023 年行政院不斷要求各部會擴大釋出土地。農委會、經濟部便開始合作加速推動政策，在全台各地大盤點，農委會因此劃出了所謂「低地力、中高鹽化或難以農耕」的大片土地，作為光電專區。

七股的地主紛紛將土地租給光電企業。據聞已經至少有五分之一的土地拿去種電了。（圖片提供：余暉）

　　這些土地，一旦被貼上低地力的標籤，都將成為「黑五類」，難逃種上光電板的宿命。原本仰賴農地維持生計的農漁民，自然忿忿不平，不管政府說什麼，都難以接受。

　　為了加速綠能發展，2023 年 4 月 22 日，行政院副院長鄭文燦協調各部會研議新的土地釋出方案，2023 年 4 月 27 日，短短五天，行政院就與光電業者達成共識，利用漁電共生區及低地力地區釋出土地劃設「綠能發展區」，藉此推動

農委會在全台灣找地，在西海岸，特別在西濱公路以西找出幾千公頃的低地力地區蓋光電場。（圖片提供：余暉）

「農光共存」。

　　綠能發展區的方案為農委會釋出土地，開放「漁電共生」中 5,000 多公頃非「養殖生產區」的漁塭，再由經濟部挑選合適的業者，這些業者不用依照漁電共生 40％遮蔽率限制、也無須有養殖事實的規範，就可以設置高達 70 至 90％遮蔽率光電。

　　2023 年 5 月，他們又優先以「容許」方式推動低地力土

地面積共約 1,122.7 公頃作為光電架設的土地，其中包括雲林口湖鄉 120 公頃、四湖鄉 230 公頃、台西鄉 236.7 公頃，彰化大城 536 公頃，這些土地皆能夠以「綠能發展區」的名義參與農光共存方案。

其實在更早的 2023 年 2 月，經濟部、農委會及內政部第一階段就已經優先釋出台 17 線以西的 339 公頃農地設置光電，並在彰化大城鄉推出首座光電示範專區設置光電，並且規劃以專區開發的方式，全力衝刺光電設置容量。

但是彰化大城鄉的農地上到處都有種植，並不像政府所說是土地貧瘠的低度利用。像是農民許有權就在這裡種植地瓜，品質相當優良，他希望能夠繼續耕作，不要開發光電。而且林務局 2023 年 5 月公布的「國土生態綠網區域保育軸帶」（以下簡稱「保育軸帶」）和目前被劃設為「低地力」的土地重疊。專員梁聖岳就指出，在「保育軸帶」上的農漁地雖然有些已休耕、廢耕，但是仍有候鳥棲息的生態保育價值，但「綠能發展區」規劃中卻未見任何應對措施。

政府看似要擺脫以往國土計畫失序的陰霾，轉而採用專區作法拚光電，實際上卻仍引起了許多批評聲浪，像是有學界認為，能源開發凌駕國土規劃，已經違反了永續原則，更

是危及農村、農地以及農業的存續，不斷地放寬規則來達成能源發展目標，是短視近利的作法。

在這些質疑的聲浪之下，雲林縣長張麗善也拿出證據，根據雲林縣政府的實際調查結果顯示：「被中央劃定為『低地力』的農業區內，實際上不僅作物生長良好，生產力符合水準之上，且區域內同時栽培各類作物，符合聯合國所揭示的農業生物多樣性目標。」這也表示，「低地力」一詞恰似能源局用來圈地的說詞，實際上宛如讓人看不透摸不著的文字遊戲。

若依據先前中央政府的說詞，被劃定納入「綠能發展區」的農地，即為所謂的「低地力」農地。這些農地理應不適合農業種植經營，但雲林縣政府農業處實際勘查後發現，口湖鄉這片區域，除了兩成農地因積水問題確實不適合耕作外，其餘八成農地均維持正常且穩定的連作耕種狀態。此外，區域內的作物包含水稻、蕃薯、百香果，以及配合農委會政策所種植的田菁作物等。也就是說，這片區域的農業栽培極為多樣；農民掌握著適地適種的原則，發展出最適切的發展模式。

政府長期的重工輕農，缺乏農業的發展策略，才造成農

地的生產價值被低估，農委會在 2023 年升格成農業部，我們看到的是陳吉仲激動得哭了！陳部長說自己是因為「感情豐富、對農業太投入」，才會不禁落淚。難道部長對農業太投入是指：不斷地為各個土地貼上低地力標籤嗎？

　　低地力標籤當然不是什麼好寶寶印章！而是為了救綠電要達到 2025 年光電設置目標，才開的巧門。就算農委會已經升格為農業部，但一樣看不到的是「為什麼不保護農地」？這難道不是農委會的荒謬之處嗎？竟然任由農地被光電業者侵害，漠視了農地和農民的權益！放棄農業和糧食自給率，這是否真的是農業部門應當推行的明智之舉？這些都是保護農地運動不能忽視的關鍵問題。

05 國土受到綁架

我和吳怡玎委員才剛從台南回來沒多久，中央政府竟然召開「綠能加速會議」，宣布了新的綠能發展政策，不只大踩油門要求全力發展綠能，經濟部更是允許被公告為「綠能發展區」的農地，可不受面積限制建設光電；「綠能發展區」為光電大開後門，將使得千辛萬苦通過的國土計畫法全面潰堤。

2009 年馬英九政府時期，《國土計畫法》在八八水災後重新被提出討論，並多次被列為優先法案，但因牽涉到錯綜複雜龐大的土地利益和各方政治勢力，遲遲沒有通過三讀，直到 2015 年才終於在立法院第 8 屆第 8 會期最後一天通過。但是 2015 年《國土計畫法》通過之後，出現了很多阻力，比如擋住既得利益者，比如農地工廠，比如光電廠，導致這部「愛台灣的大法典」一直在修改。

《國土計畫法》最重要的任務是因應氣候變遷，確保國土安全，從「永續發展」的角度，重新規劃國家土地的合理運用，以保護自然環境跟人文資產，同時開始復育脆弱敏感與已被破壞的地區。

然而原本是天堂之路，卻變成慾望河流的深淵。

2020 年，蔡英文總統連任之後，行政院就刻不容緩地開始對《國土計畫法》大動手腳，受到各界高度的質疑。

2020 年 3 月，行政院通過《國土計畫法》部分條文修正草案，立刻引來法規被架空的質疑聲浪，而立法院在 2020 年 4 月 17 日，短短一個月內就火速通過！修法之後，行政院把原本規定「二年內」要完成的「縣市國土計畫」，改成「一定期限內完成」。在當時讓人覺得這樣授權的期限，是否變相成為「無限期延長」呢？如果一而再，再而三的延期，什麼時候看得到《國土計畫法》的上路？

《國土計畫法》規定頒布後，地方政府在兩年內要推出地方的計畫細則。有民間團體清點 15 個縣市已經公布的國土計畫，發現竟然有 10 萬公頃的農地將消失。而行政院根本不在乎《國土計畫法》要求 80 萬公頃農地的目標，在修正條文中為開發打開大門。行政院此次修法並非為了重大公共建設，而是幫業者去除障礙。

尤有甚者，《國土法》原定全國國土計畫每十年可通盤檢討，縣市國土計畫則每五年通盤檢討，但是當有戰爭、天災等重大事件時可以簡化程序。而當時行政院通過的版本為

「經行政院核定之國家重大建設計畫」可不受五年通盤檢討的限制。這真的不是《國土計畫法》大退步嗎？

前面也說了《國土計畫法》最重要的，就是要從永續發展的角度來規劃國土運用，怎麼行政院又變成只想開發，沒有顧及國土永續呢？是什麼原因讓蔡政府從 2020 年就已經想方設法地企圖架空《國土計畫法》？想讓「行政院重大建設」凌駕國土規劃？民進黨執政，在對綠能眾多非議當中，仍一意孤行，甚至讓內政部研擬一套光電開發的指導原則納入《國土計畫法》，使其法律化、合法化，不惜讓綠能成為國土計畫的破口。

而在蔡政府執政的最後一年，行政院副閣揆鄭文燦在 2023 年 6 月 12 日召開了「綠能加速會議」，指示中央到地方包括台電在內的相關單位，全力發展綠能，尤其特別針對所謂「低地力農地」、「林相不佳」的台糖土地，加速完成相關規定修改，想讓這些國有土地可以種電。行政院為了加速種電不惜千方百計想為綠能開許多巧門！

經濟部 2022 年啟動「綠能發展區」政策，選定低地力農地、非養殖生產區魚塭等條件，以不用經由審查增加誘因，提高光電設置比例，在養殖漁業的發展前面加上「綠

能」等字眼，引發了很多爭議。被農委會規劃做綠能發展區的「低地力」土地，實際上有很多是國土計畫劃為「農業發展地區第一類」的優良農地，包括彰化大城、芳苑等處的低地力土地，就有超過 600 公頃是「農一」土地。既然是農一優良土地，為什麼會被貼上低地力的標籤？而農委會身為主管機關，居然不是急著幫它恢復、不是急著撕掉標籤？而是趕快去種電？

　　民進黨所謂的，反核、環保、愛鄉土，其實都只是塊遮羞布而已。

06 從八掌溪到小林村

台灣的《國土計畫法》，其實有著坎坷的身世！台灣究竟遭遇了多少氣候災難，才換來《國土計畫法》呢？

我們的友邦——吐瓦魯，坐落在澳大利亞和夏威夷之間，被譽為南太平洋的天堂。它是全球最小的國家之一，由九座珊瑚礁組成的小島構成，總人口約 1 萬 2 千人。這片風景如畫的地方，卻長期處於氣候變遷和海平面上升風險之中，深受極端氣候的影響，可能隨時消失在海洋中。

面對不斷縮小的土地面積，吐瓦魯非常關注海岸線的保護，積極應對溫室效應和海平面上升的挑戰。

台灣和吐瓦魯一樣，都存在於海島，台灣在面臨極端氣候之下，也是首當其衝的海島國家。而台灣面臨的氣候災難也是不勝其數。

2000 年 7 月 22 日，陳水扁執政時期，嘉義縣山區在這天下起了午後大雨，八掌溪的岸邊，一幕令人心碎的悲劇就此展開。

「被沖走的那一幕我永遠忘不了」、「這真的是我看過最扯的人禍」、「看一次哭一次」「綠色執政的悲

哀」……，這是在八掌溪事件後大家留下的評論。

　　一群工人在嘉義縣番路鄉八掌溪進行河床固體工程，溪水因大雨急速上漲，他們試圖逃離，但受僱主所迫，只好繼續留下來工作。直到溪水暴漲，劉智、吳梅貴、林中和、楊子忠等四人因為善後走避不及而被困在溪水中，消防隊和民眾的奮力救援未能奏效，直升機的救援申請也受阻，官方部門的互相推諉，讓救援遲遲未能展開。四人只能站在溪水中緊緊抱在一起等待救援。但最終無法抵擋溪水的吞噬，在媒體的即時轉播及家屬的眼前先後被溪水沖走罹難。

　　「這一等，就再也等不到他們回家了！」家屬看著他們被沖走的地方痛哭失聲，在電視機前面期待他們獲救的觀眾隨著工人罹難，客廳陷入一片寂靜。

　　慘劇發生後，時任行政院副院長的游錫堃因此請辭獲准，成為了台灣史上任期最短的行政院副院長，只當了 67 天。而消防署、警政署署長也自請辭職，國防部、嘉義縣政府多名主管更以記大過、下調非主管職務作為懲處。但是這樣的處罰，喚得回這些人的生命嗎？

　　到了 2004 年 6 月 30 日至 7 月 6 日，陳水扁擔任總統、呂秀蓮擔任副總統時期，敏督利颱風侵襲台灣中部、南部及

東部，颱風來襲的時間恰逢大學學力測驗，許多考生因為豪雨災情頻傳，多處交通中斷而無法前往赴考，導致考生權益喪失。颱風帶來的嚴重水災，造成 33 人罹難、12 人失蹤，農業損失逾新臺幣 89 億元，颱風期間台灣多處淹水、山崩與土石流。

台中縣新社鄉是陳水扁執政時期農委會重點輔導的山村，當時休閒農場進駐，而政府為了吸引觀光客，向農委會水土保局申請九二一重建經費，耗資 3,000 萬，在行水區內大興土木，改造原本自然的溪流，闢建河濱公園，但受到敏督利颱風的侵襲，才剛落成的河濱公園，只剩下土石挾帶著斷壁殘垣，突兀地矗立在河道中央。

敏督利颱風重創台灣中南部山區，使得災情從四處傳出，呂秀蓮副總統前往勘災時提出「中台灣開發過度，大自然一再給予警訊」，呼籲「失去家園的原住民可以考慮暫時移民中南美洲，讓台灣的土地山河暫時休養生息」。在人命關天的救災時刻，呂前副總統的這番言論，引發當地居民的強烈反彈。

如今事過境遷，不禁讓人思考「為什麼連副總統都認為『這個家園已經無法再居住』了？」是為了吸引觀光人潮而

過度開發環境，導致生態系統遭受到嚴重破壞？國土規劃在經濟開發與環境永續如何達到平衡？我們應該如何愛護地球這個家園？

2009 年 8 月 6 日到 8 月 10 日，馬英九執政時期，台灣迎來了「莫拉克」颱風。這也是催生《國土計畫法》的重大事件。原本預計這只是暑假期間常見的颱風，沒想到卻帶來超大豪雨，全台更是宣布停班停課，民眾謹慎地守在家中，警戒颱風的來臨。然而這樣劇烈的雨量，卻迎來了讓人心痛的父親節。

八八水災，也是造成國人強大心理衝擊的一次水災，相信大家至今都印象深刻，也因為見證了大自然的無情，才讓群眾開始反思土地開發，甚至是嚴肅地面對《國土計畫法》。

8 月 8 日這天，強大的雨勢在中南部頻頻破紀錄，阿里山降下駭人的 3,060 公釐雨量，高雄甲仙的小林村在這天下午，更是不斷受到土石洪流、走山的衝擊。儘管已經派出怪手協助搶救，但是水來得又急又快，溪水的暴漲導致淹進住家的水已經及腰，居民被迫撤離。隨著時間的流逝，小林村居民聽聞一聲巨響，巨石像野獸一樣衝向村莊，吞噬著一

切，直到巨石堆積在旗山溪，形成堰塞湖，水位暫時下降。

隔天早上，莫拉克的洗禮使得旗山溪的水位遠遠超過了巨石堆積所形成的堰塞湖。不僅開始溢流、滲流，甚至連土堤也因為被溪水向外推擠，水位不斷上升，最終潰堤，小林村被這突如其來的滾滾黃水完全淹沒，474 人成為莫拉克風災後，統計數字下的罹難人口。

莫拉克用非常慢的腳步通過台灣，卻帶來了史上最慘的水災，甚至超過 1959 年的八七水災，這次的颱風和 1998 年的九二一大地震並列天災之最。菲律賓、中國大陸也受到肆虐，世界氣象組織更是因此決議將「莫拉克」從熱帶氣旋名單除名。

還記得 2013 年，一位名叫齊柏林的導演，以他特有的眼光和技術，決定透過紀錄片的方式，讓人們重新看見這片土地的真實面貌。他的作品名為《看見台灣》。

這部紀錄片以驚人的空中鏡頭呈現，透過高空的視角，將台灣的山川河流、城鄉風貌呈現得淋漓盡致。觀眾們也在齊柏林的鏡頭下，看到了被開採後留下的荒涼山脈，還有被廢水污染變色的河流，以及因不當開發而滿布違法民宿的清境農場。這些景象讓人不得不重新思考，自己的島嶼和家園

到底遭受了多大的傷害？

　　正當齊柏林宣布將開拍續集《看見台灣 2》後，卻傳出直升機「凌天航空」在執行空拍任務時失事的消息，2017 年 6 月 10 日，齊柏林和他的助手前往花蓮進行拍攝前期考察，回程途中，他們的直升機墜毀，齊柏林、助手陳冠齊與正駕駛張志光三人不幸罹難。

　　齊柏林的殞落，令人感到惋惜。同時在《看見台灣》這部紀錄片中，讓民眾看見了台灣的美好與憂愁。台灣的山林斷層多、地形陡峭，構成了美麗的幽谷，但也造成地質脆弱，所以每逢颱風、梅雨等季節性豪雨，其實很容易造成山坡地的災害。

　　八掌溪事件、敏督利颱風、莫拉克颱風造成的嚴重災害，這些狀況凸顯台灣山坡地過度開發、暴露的土地，對水土保持的破壞極大，使土石流災害事件頻傳，顯示出國土的脆弱度（vulnerability）增高，已無法負荷氣候變遷與極端氣候的衝擊。

　　還是必須強調，《國土計畫法》是一部「愛台灣的大法」，過去我們亂糟糟的發展，都寄望這部法典能夠撥亂反正，科學規劃，把合理的居住空間劃設出來，可以確定人口

上限；把自然空間劃設出來，可以確定健康安全舒適的環境，天人合一，永續生存在這個島；把保育棲地畫出來，可以保持生物多樣性，豐富自然資源；把農業用地劃設出來，可以確保極端環境下，我們不至於鬧饑荒；把工業用地劃設出來，等於是給一副畫設了畫框，再美好的經濟，也有其限制的範圍，超過了界線，生活本質就被工商業侵蝕。

07 能源轉型凌駕國土永續

　　沒有國土計畫以前，台灣的土地利用與發展主要根據都市計畫法、區域計畫法、國家公園法三部法律管制。區域計畫法的公共資源不夠多，實際管制很弱，面對廣大的非都市土地，管制的人手也不夠多，無法完善執行監管。往往土地已經被非法占用、破壞，才慢半拍去處理，甚至無法處理，被蠶食鯨吞。農發條例 18 條開啟了農地建農舍的大門，短短十多年，農舍如雨後春筍冒出來，讓原本土地改革後土地所有權破碎的情況加劇。

　　《國土計畫法》是台灣歷經種種災難，好不容易才催生出來的一部法律，但這麼重要的一部大法，民進黨二次執政後卻想方設法地企圖扼殺它。

　　中央自己已經修法為工商業開啟了大門。以一艘船來比喻，台灣是這艘船，一條大船有許多船艙，有機房、客艙、燃料艙、貨倉，也有許多空間承擔著浮力作用。每個艙房都有門，可以鎖死密封，以免意外進水時，淹滿太多艙房空間，導致下沉的力量大於浮力。國土計畫劃設的每個區域都有這樣的功能。但民進黨政府卻修法，讓那些密封門失去密

封效果，蒼蠅、蚊子、壞蟲可以飛進來，電線、管道也壓進密封門檻，門關不上了，水就淹進來了。

中央這樣做，就錯誤引導地方。實際在土地劃設功能及編定管制土地的是地方政府，如果縣市政府的執政者也以開發至上，最大利益化的思維去管制縣市級的國土計畫，將農業視為落後的、需要補助的產業，是負擔，要讓位、要偷渡給光電或其他產業，那我們未來的生存空間就會繼續惡化下去。我建議大家去讀台灣文學家陳冠學寫的《田園之秋》，我們不要那麼急功近利，農業不僅是立國之本，事關國家安全，也承載著人文自然風景功能。

民進黨還鼓吹台商回流，兩年多前，為了因應台商回流，行政院劃設了十個產業園區，占地 1,200 公頃，而不計入全國國土計畫原訂定 2036 年產業用地僅「新增」3,311 公頃總量限制。十個產業園區集中在民進黨執政的中南部，包括屏東加工出口區二期，其餘九個使用原台糖農場，包括雲林馬光農場、嘉義公館農場、南靖農場、台南番仔寮農場、高雄九鬮農場。

還是要再說一次，台灣就這麼一點土地，這麼搞，土地永遠不夠用。

違章工廠目前形成群聚的地區，未來恐怕很可能會經由劃設城鄉發展區就地合法。無論是工業用地的 3,311 公頃，或是科學工業園區的 1,000 公頃，地從哪裡來？恐怕仍然是農地。這麼搞，台灣的未來堪慮。

此外，即便我們從區域計畫走到了國土計畫，土地違規使用的查核與懲處，仍然需要政府的公權力才能夠展現，就如同過去明明可以根據區域計畫法開罰違章工廠，甚至斷水斷電及拆除，但是縣市政府的公權力就是無法走到這一步，這已經不是規劃的問題，而是執法決心的問題，如果公民和政府對於土地違規使用沒有共同的決心去杜絕，那麼即使再好的空間規劃，也無法真正落實在現實的國土治理上。

08 養殖漁業何去何從

　　台灣的養殖漁業不僅事關全國經濟相當重要的一部分，也承擔了糧食安全的角色。

　　台灣國土面積資源就是這麼少，怎樣是最好的運用？什麼產業對糧食、對環境的永續有貢獻？環境最大負擔可以開發到什麼程度？這些都需要完善的規劃。

　　台灣的國土規劃主要是由內政部營建署城鄉發展分署執行，依據的是《全國國土計畫》指導，在《國土計畫法》、《濕地法》、《海岸管理法》規範下落實國土管理。

　　《全國國土計畫》不僅對當前氣候變遷、自然資源和國土保育、城鄉發展做了土地使用計畫，也對未來產業發展總量、水資源供應、能源需求、農地、人口、住宅做了發展預測，並對永續發展的目標：安全、有序、和諧，國土空間發展策略和管理進行謀劃。

　　台灣的農業屬於小農經濟結構，農地規模狹小，還面臨產業掠奪資源造成農地流失。此外農業人力不足及老化，也不利提高經營效率、創造規模經濟。高齡少子化及人口集中都會，對鄉村生產造成根本影響。國際社會對天然林消失及

伴隨的生物多樣性損失皆十分關注。中央山脈及淺山區都有生物多樣性的價值，在自然保護區周邊的農漁地具有串連保護區生態環境的功能，也未受到我們足夠的重視。

對於養殖漁業，《全國國土計畫》（2018 年 4 月 30 日頒布）是這樣說的：「以海為田」推動深海養殖，減少陸上水土資源利用。除輔導設立養殖漁業生產區外，引導設置共同水產運銷設施或冷凍冷藏加工廠設施，發展「綠能」養殖，提升水產品競爭及漁民收益。從這點看去，原來政府是希望限縮陸地養殖漁業，希望他們到海裡去，不要占去太多陸上的水土資源。以前，鹽田地都是沒什麼人要的便宜地，現在因為可以種電，價值扶搖直上。

所謂隔行如隔山，真正懂養殖漁業竅門的綠能企業太少了，目前只能是養殖漁業的負擔。但《全國國土計畫》為什麼要在「養殖」加上「綠能」這兩個字呢？這樣可以為既得利益者鋪路。

核四廠封存後，從哪裡補上缺失的電力？因為地表有充足的日照，尤其是中南部，長年的好天氣，可以提供太陽能，結果農漁土地變成犧牲品，填補核能不在場的空位。非核家園，理想很好，但實際上必須轉依靠火力發電滿足電力

需求，結果造成嚴重的空氣污染，對環境帶來更立即、現實的傷害。農漁業原本就面臨發展遲滯的困境，現在又加入光電廠的干擾，真是雪上加霜。

台灣農漁業的劣勢很清楚，一是可用面積少，二是水資源條件差。加上從業人員老化，勞動成本高，資源零散未能整合。我們的優勢是管理技術優良，對藥物殘留控制得好。按照這種優劣條件，自然是走高品質的產品路線最好，如果和中國大陸做規模競爭，就處劣勢了。我們應該調查清楚外國市場，找到需求，量身訂做產品，並策畫有效的行銷方式。台灣是富有自己文化特色的地方，倘若能將農產品與本土文化巧妙融合，就能塑造出獨具特色的品牌形象！

農漁業只要管理得當——對品種挑選、培育，對藥品的選擇，加強用藥的總量，控制用藥的殘留，不僅對銷量有幫助，對環境的傷害也較小。

我們有許多技術仍具有優勢，海上箱網養殖，觀賞魚養殖都是。面對國外巨農，我們必須想到自身的獨特性，挖空心思規劃產品。將台灣的環境、經濟規模，加上本土文化整合性地來思考，走出政府「防弊不興利」的束縛，協助農漁公司變得有國際視野，做到國際化，而不是剝削農漁民，能

運籌帷幄，從選品、契作、收購、運輸、行銷，如此全方位整合才能走出去，才能打入國際市場，培育量少而搶手的第一流產品，才能以最少的污染，達到最高的收益，變成可持續性的產業。

如果農漁產品已經變成台灣經濟上最弱的一環，如果因為資源少，內需市場、生產規模都太小，那麼政府就該好好思考，農漁產業何去何從？政府要做的不是全面補貼，而是打通供需平衡的阻礙，讓自由市場去決定其規模，就算產業政策補貼，重點也要放在創新型企業，而不是大規模撒錢。可以思考一下，挪威養殖鮭魚成為全球霸主的經驗。直到現在他們還在積極優化鮭魚的產業鏈。今日，海洋漁業禁捕、氣候變遷的限制愈來愈嚴重，養殖漁業的重要性已經是未來趨勢。

拜託政府能不能做一點正確的事？和工業比起來，農漁業已經夠慘了，不要再用「綠能」來干擾奄奄一息的產業。

09 有一天台灣人不再吃台灣米長大

誠如我一開始就說，環境問題是超越黨派、超越族群與世代的議題。不論什麼背景，台灣各界人士都要誠然面對。其實綠電早在國民黨執政時就推動了，但是 2016 年民進黨執政後，事態變得一發不可收拾。

2017 年，當時農委會曾計算，若發生極端氣候、戰爭等無法進口糧食的緊急狀況，台灣需要 74～81 萬公頃的農地才能保障糧食安全，自給自足。2016 年內政部調查，全台法定耕地面積共 76 萬公頃。農委會根據內政部資料實地勘查，農試所空拍，計算出當時真正從事農業的土地只有 49 萬公頃左右（包括農糧作物、養殖魚塭、畜牧）。若再加上非法定用地、宜農的山坡等潛在可供農業使用的土地，全台只有約 68 萬土地可供糧食生產，這仍舊低於確保糧食安全所需的 74 萬公頃，還差了 6 萬公頃。

這個現象的背後，反映出台灣過去在追求工商化及都市化發展上，造成農地空間逐漸破碎，曾經占據國內生產毛額（GDP）三分之一的農業，從 1951 年的 32.3％到 2000 年短短五十年已經跌至 2.0％，至今已衰退不到 1.5％，農漁業凋

零農地被入侵，以及海洋遭嚴重污染，也不受重視，偏偏這些問題，都對台灣的糧食安全造成威脅。

　　過去，政府為了維護農業資源、保障農業的發展，曾透過農地資源分級分區劃設，並針對農地鄰近都市開發地區的影響與衝擊進行管制，不斷修正《農業發展條例》，但是在台灣經濟成長與結構的轉變下，農業讓位給了紡織、石化和電子等工商業，工商發展已遠遠超越政府管理能力，導致農地從 1970 年代就遭違章工廠嚴重入侵，2000 年陳水扁總統政府執政時期制定《工廠管理輔導法》，整個執行的思維就是「全面納管，就地輔導」，也就是眾所皆知的「就地合法化」。但是自從《工廠管理輔導法》通過以後，短短十年內，違章工廠的家數不減反增，從 2000 年的 3,000 家增加到 2010 年的 5,000 家，直到 2016 年後更是高達 6,000 家以上，不但沒有遏止農地的厄運，反倒使得非法工廠比合法工廠還要多。

　　多年來西部農地間隨處可見的「違章工廠」，使台灣的產業政策和國土規劃都受到嚴重影響。為了解決這個長久以來的問題，蔡英文執政時期《工廠管理輔導法》於 2019 年再度修法通過，以二十年時間輔導 2016 年 5 月 20 日以前既存的農地工廠，未登記工廠轉型、搬遷或者就地合法，不過

此次修法竟明目張膽地為「綠電」直接開啟大門，綠電長驅直入農業用地或在自然基礎上大搞破壞，其影響更甚於農地工廠。

　　此次《工管法》修法針對違章工廠處理，分為「中高污染廠」及「低污染廠」。其中，中高污染廠若在 2022 年 3 月 19 日關門大限前，逾期未提出工廠改善計畫者，應依法停止供電、供水、拆除。但許多中高污染廠卻申報為「低污染」，企圖合法化後繼續經營或出租，導致農地衛生和重金屬污染問題一步又一步地惡化。

　　《工管法》二十年的落日條款的第二階段，其中最受爭議的是「應設置屋頂型太陽光電，且面積不得低於廠房屋頂的 50％。」若在鐵皮工廠上架設太陽光電板，恐怕無法承載太陽光電板的重量，如果遇到地震、颱風等天災，更可能造成嚴重財損。經濟部卻表示，若工廠建物經台電或太陽能產業公會，評估認定建物結構特殊、饋線不足、日照不足等因素，經中央主管機關同意則免予設置。這樣一來《工管法》等於完全架空台灣所有「國土空間計畫」，還朝農地破碎化方向前進，一切又更為失控了！

　　為了種電，經濟部和農委會絞盡腦汁設法生出「地

表」、「海洋」給「綠電」使用。在嘉義、台南、高雄、屏東等民進黨執政的縣市，為了響應中央政府政策，首當其衝，已經成為第一受災戶。

農地流失是造成糧食不能自給自足的主要原因。全台本有幾萬家未登記或是違法的農地工廠，其中不乏世界級的企業，對台灣經濟有很大的貢獻。現在他們很多已經就地合法，但是這些在農地裡的工廠，對糧食、農業安全有很大的隱患，經濟部早在二十多年前就想要解決問題，直到 2020 年 3 月 20 日又再次施行的《工廠管理輔導法》，結果都是決心不夠，怕影響經濟、選票，導致問題一拖再拖，大部分都是就地合法，想要遏制農地工廠「再擴散」，不徹底解決眼前的爛攤子，只選擇剔除農業精華區的工廠來「挽救農地」。這是縮頭烏龜式的解決姿態，怎麼會有效果？

更奇怪的是，上述的問題沒解決，又給自己挖更大的坑跳。因為中央推動綠能，農委會、經濟部、內政部鑽自己的法律漏洞，刻意鬆綁法規，開國土規劃的大門，讓能源業者長驅直入。一邊是對工廠收緊，一邊是對能源廠商打開大門，這種自相矛盾的作法，怎麼能將台灣帶往好的結局？

台灣約有 70％的面積是山脈和丘陵地形，這些山脈陡

2018 年農地資源盤查結果

圖示標註：
- 6萬都市計畫用地
- 5萬超限利用農地
- 3萬非法定農業用地
- 18萬森林狀態的山坡地農牧用地
- 現況耕地57萬
- 潛在耕地10萬
- 編耕地68萬＝57萬＋10萬

水、電及農地資源盤查總面積(T=P+Q)(2,772,499公頃)

使用類型	平地範圍(620,135公頃)(D) 露天生產農業使用(A)	生產型設施(B)	管理型設施施(C)	非農業使用(H)	山坡地總範查(1,152,364公頃) 宜農宜牧地(I)	宜林地(J)	加強保育地(K)	未查定地(L)	不需查定土地(M)	林業用地(N)	非法定農業用地 生產使用(Q)	可生產農林生產(R=C+K+...)	實際供農林漁牧使用土地(S)
1.農糧作物	362,535	8,415	215		117,637	19,288	309	9,303	3,405	18,76?	33,209	522,011	573,079
2.養殖魚塭	41,854	41	66		165	10		18	101	15	1,398	43,524	43,668
3.畜牧使用	9,262				2,116	162	4	155	100	4		11,378	11,803
4.林業使用	28,675				184,678	288,510	3,309	38,184	14,073	1,172,942			1,730,371
5.休閒農場	340	36			?312	237	0		1?				962
6.農村再生			14			7							21
7.農水路使用			25,555		981	216							28,800
8.可供農業使用	76,000		553,0??	25,886	29,861	12,102	418	20,980	1,712	72,042	34,607	105,861	213,115
小計(1~8)	518,666	8,456	25,886		335,757	320,525	4,048	68,978	21,130	1,263,766	34,607	682,774	2,601,819
合計											34,607		2,601,819

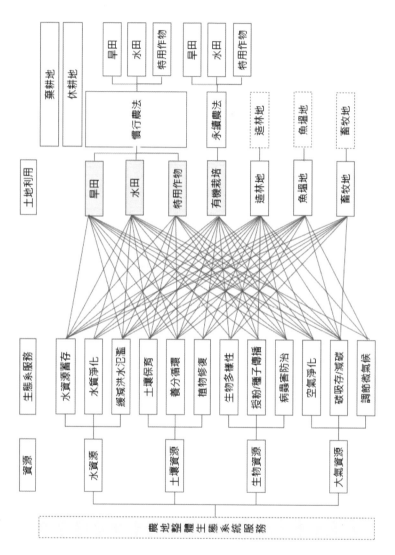

台灣農地生態系統服務價值評估指標架構。資料提供：中興大學森林學系柳婉郁教授（2023）。

峭，雨水很快就會順著河流排入大海。平地有限，人口稠密集中在都市，其他非都市土地農地開發到了極限，不是農業用地，就是工業用地、水利設施、林地等。目前土地的實際使用已經達到了飽和狀態。任何進一步的開發都會限縮生活品質，破壞自然和野生動物棲息地。

隨著農地的破壞，以及稻田面積的持續減少，農業用地也已經不足以支持糧食的安全供應，不得不依賴進口糧食來彌補。

我們從來沒想過，曾經豐饒的台灣土地，或許在不久以後，居然會養不活住在島上的人。這是一個從未面臨過的危機。我們必須更加謹慎地管理土地資源，保護農業用地，才能確保糧食和其他農產品的持續供應，同時保護自然生態系統的完整性。這不僅是為了當下，也是為了子孫後代的未來。

台灣再生能源發展的各種亂象

吳怡玎（立法委員）

　　民進黨上任以來致力發展再生能源，前陣子卻爆出「綠電綠油油」、「綠電發大財」的爭議。與民進黨政府關係好的人，就可以透過綠電來圖利、賺大錢。

　　以太陽光電來說，太陽光電在台灣發展超過二十年，技術早已經非常成熟了，台電現在仍然用「躉購」的方法在收購這些光電發出來的電。什麼是「躉購」？就是政府對於那些還在發展中的再生能源，為了推廣再生能源以及為了確保再生能源良好的發展，用特定的費率來收購產出的電。台灣的太陽光電早在民國 86 年就開始製造生產了，怎麼還在用「躉購」方式收購電力呢？就連近幾年才開始發展的離岸風電，也從「躉購」走到「競標」的方式在售電了，而且還是從 0 元開始競標！所以說，綠電就應該交由「綠電交易市場」讓需要綠電的企業去競標，以市場機制來杜絕黑箱問題，也不會讓納稅人及台電來吸收這些電價。

　　但靠綠電圖利還不是最嚴重的，最可怕的是光電板的亂象，造成不可逆的生態浩劫。最近我們收到民眾的檢舉陳情，我特地到台南看當地光電板的鋪設，當我看到一整片密密麻麻

大量的光電板時真的相當震驚。深入瞭解之後，我整理出下面幾個亂象：

1. 保證金亂象

因為光電板的鋪設需要在土地往下打樁 3 公尺，政府卻只向光電業者收取1公頃 150 萬到 300 萬微薄的保證金，未來二十年後契約期限到了，光電業者如果要拍拍屁股走人，完全可以不要那個保證金。因為我們問了土方業者，這1公頃的地光是要換土就要花 900 萬！而最後就是政府要收拾善後。但是就算政府願意花錢，原本那些農地、林地也沒辦法回復到原本的樣子了。

2. 官員甩鍋

以前的農田水利會現在改叫農業部的農田水利署，該單位想要在灌溉排水的溝渠上蓋光電板，農民擔心會影響排水，農田水利署竟然說不用擔心，廠商會負責。可是那些廠商都是「有限公司」，跑了也抓不到人了。那農業部官員要負責嗎？沒有一個官員願意負責。

3. 檢舉魚塭漁民

「漁電共生」的魚塭是當地養殖漁民向國有財產署承租的農地，業者與漁民協調後，漁民放棄承租再由業者標租該地蓋光電板。但不願意放棄承租的漁民就被業者檢舉東檢舉西的，檢舉到後來受不了沒辦法只好退場。我舉一個最近爆出來的真

實案例，經營魚塭的人都會自搭倉寮，放飼料、漁具，這些倉寮多數都未經合法申請，申請也很難通過，國產署都睜一隻眼、閉一隻眼，只要沒有妨礙到他人通常都會冷處理，結果業者去檢舉那些不參加種電的承租人，國產署出面收回土地後，業者再去標租。*

4. 小二甲爭議

因為 2 公頃以上的光電案場要讓農業部審查，因此很多業者會用小面積 2 公頃以下的「土地變更」來包裹，變成只要向地方政府經發局申請就可以了，就是俗稱的「小二甲」。現在去台南看他們的「小二甲」，整片圈起來 200 多甲，走漏洞切割成 100 多個「小二甲」，完全不用經過中央農委會審核，更誇張的是，當時台南市政府有三名不同科室的科長覺得這種做法不對並提出質疑，結果呢？這三位科長通通被調職了。

5. 農業部失職

陳吉仲實在不應該當農業部部長，應該去經濟部當能源局局長！農地蓋個農舍在陳吉仲眼中是很嚴重的事情，但農地上輕輕鬆鬆蓋光電板卻是完全沒有問題。怎麼說輕輕鬆鬆呢？因為陳吉仲規劃許多「不適耕作」的農地，通通拿去蓋光電板！

---

* 　註：〈新聞幕後／力暘能源搶魚塭地種電 台南市府 3 科長「擋路」遭調職〉，《菱傳媒》，2023.06.01。

「漁電共生」共生到最後光電板下面都沒有魚，連水都沒有。因為魚根本養不活，現在直接開出了專案，說不用養魚了！以後直接蓋光電板。這就是我們的農業部。

我們光電板的鋪設會發生這些問題，其實跟政府的政策有很大的關係。在世界上大部分的國家，發展光電或者風電都是由政府來出面解決土地的分區，透過整體的規劃以劃設出特定的區域，來全力發展光電或風電。然而我們台灣卻是由廠商跟在地居民交涉，有能力與當地人溝通的，通常不會是技術、價格跟效率最佳的廠商，而是淪為地頭蛇、黑道等不肖廠商在爭奪圈地的角力。綠電的廠商專業是「技術」不是「圈地」，政府放任的結果也顯而易見，就是文章上面提到的那些誇張的光電亂象。

最後，大家都知道民進黨政府對於核能反對到底，大喊「非核家園」！民進黨為什麼反核能呢？因為核能會妨礙他們綠電的發展、妨害他們靠綠電發大財。我們如果到台電的網站上看各種發電的成本，會發現不管是燃煤或燃氣也好，綠電的光電或風電也罷，沒有一個比核能更便宜。核能每發一度電的成本才新台幣 1.5 元，燃煤跟燃氣是核能的兩倍！每度電至少要 3 元到 4 元。台電一年虧 4,000 多億元，完全是「賣一度電，賠二度電」，台電身為國營企業，這些虧損最後都是全民買單。

第四章

黑金：誰把太陽染黑？

在利益的驅使下，
充滿欲望的洪水猛獸就在綠色庇護下，
以驚人的速度成長膨脹，
終於浮出水面。

01 八十八槍劃破寧靜長空

　　台南是全台開發最早的城市之一，建城已有四百多年歷史。不但古蹟林立，舊城區街廓和各個區域多年發展留下有機紋理，溫柔敦厚地訴說著這座城市的身世。

　　學甲區位於台南市西北部，鄭成功的運糧官——金門人陳一桂帶領部屬乘船沿將軍溪深入台南內陸，在今天的學甲區頭前寮登陸。安頓下來後，逐漸建立聚落，開墾，建立明鄭文武典章制度，在此設學，希望後代子孫都能讀書。學甲國小，人才輩出，吳三連、吳尊賢、莊柏林都是傑出校友。有學必甲，古稱學甲。學甲慈濟宮，主祀保生大帝（大道公吳真人）為台灣開基祖廟，神像是八百年前宋代開基古祖神像。清咸豐 10 年（1860 年）整體翻修，還禮聘交趾陶大師葉王作壁堵及廟頂裝飾。方方面面都顯示台南有很深的文化連結。

　　2022 年 11 月 10 日凌晨，全台縣市長及地方公職人員選舉（111 年九合一選舉）正進入白熱化階段，學甲區一處廠房及議員選舉服務處傳來槍響，不是一槍一聲，而是衝鋒槍連續的噠噠噠、噠噠噠、噠噠噠、噠噠噠聲，我一連用了 12

個噠噠聲，其實後來警方勘驗，發現兩處一共開了 88 槍。

深夜槍聲劃破寂靜的長空，震驚了全台。

中華民國不愧為民主制度穩固的國家，槍響並沒有阻止民眾投票。11 月 26 日，民進黨候選人黃偉哲以 48%接近半數得票率當選台南市長。這起槍擊案跟選舉有關嗎？案發後多日，台南市民進黨和無黨籍議員紛紛出面喊話：「兇嫌在哪？」

畢竟在選舉中開槍，重創政治風氣、選舉文化，嚴重破壞台灣民主形象，此風不可長，不遏止不行。

當時的台南市警察局長方仰寧是一個經歷奇特的警察幹部，社會對他的評價相當兩極化。2014 年太陽花學運時，方仰寧是台北市中正一分局局長，負責總統府周邊權力機關的治安工作。3 月 23 日學生占領行政院時，方仰寧是驅離學生的現場指揮官，以六波鎮壓驅離行動，成功驅離霸占行政院的學生，受到藍營的好評。他幾次對付總統府周邊非法遊行示威，也不手軟。我們知道，警察、軍人都要恪守中立，他們的任用有自己的體系。但可能因為迫於壓力，同年他被調職，沒多久下放到中南部。在幾次南北輪調的經歷後，2021 年初，他又被調往台南，擔任民進黨執政下台南市警察局局

長。在他任內，他也發揮所長，積極推動科技執法、大數據分析、整合第三方警政和民間力量。據聞他防制酒駕的成績，在六都中排名第一。

方仰寧的專業知識是交通酒駕的取締，他的碩士論文正是以此為主題，他甚至幹過內政部警政署交通組組長和主任祕書。

槍擊案後，台南警方成立專案小組，先要釐清行兇動機，確定關係人，距離逮捕槍手還有一段時間。然而畢竟黃偉哲才當選市長，選舉前的槍擊，這是令台南市蒙羞的治安事件。各界非常關注，給予很大的破案壓力。

檢警調查發現，遭受槍擊為民進黨中執委郭再欽的「立德鑫」公司。另一個遭槍擊的服務處是無黨籍台南市議員謝財旺的學甲服務處，同個地點也是他的女兒、市議員候選人謝舒凡的競選總部。

在槍擊案的威脅之下，謝舒凡仍以第三高票當選台南市議員。

大眾合理地懷疑，這個案子至少和政治冤仇有關。但內幕是什麼，眾說紛紜。

一個月後，經過過濾上千部車輛，未發現槍手的騎乘車

輛，可見兇嫌刻意躲避監視器，屬於事前周密策劃的犯罪行動，這讓警方的偵查工作更加難辦。不過專案小組仍公布他們掌握到的案情：槍手名叫孔祥志，受到老大「紅龜」指使犯案。犯案動機不詳。但策劃相當嚴密，刻意製造許多斷點，迷惑警方。

在監視器的畫面中，一輛小客車載了槍手孔祥志到台南中西區武聖夜市，槍手上車和下車的畫面就這樣被記錄下來，但他在下車時穿的衣物和上車時不一樣，應該是在車上換了一套衣物。由於兇嫌下車時沒有帶走換下的衣物，可見這輛車不尋常。警方掌握了小客車的畫面，循線查到，開車的叫李奇漢，立刻將其扣押。警方查到，李奇漢四十歲，學甲人，平日是計程車司機，有販毒前科。沒想到，李奇漢卻是這場策劃已久的犯罪活動的突破口。

李奇漢辯說，他是計程車司機，當天只是載客人到武聖夜市下車。李奇漢請了律師，辯稱不知道兇嫌要去做什麼事。根本不知孔祥志要去犯案，槍手留下的一包東西，他也沒看，不知道是什麼，就丟了。李的律師也主張，他的當事人沒有湮滅刑事證據；孔換下的舊衣物不是到現場開槍的犯罪有關證據，不能以此推斷李有參與犯罪。

警調不採信，反而查出，槍手孔祥志與李奇漢熟識，孔祥志平時會向李嫌買毒品，他們根本是熟人。

　　12 月，在案發後一個多月，謝財旺市議員陪同孔祥志的母親出面接受媒體採訪。孔母在鏡頭前哭訴，孔祥志跟她相依為命，住在一起，案發後一個多月她聯絡不到兒子。她不相信是兒子開槍，尤其她們母子與市議員謝財旺有不錯私交，過去常拜託謝財旺幫忙，以前選舉期間還帶兒子一起當志工助選，孔祥志都叫謝財旺「旺叔」，孔母道：「這種關係怎麼可能去對自己叔叔的服務處開槍，如果不是受人指使，孔祥志不會做出這種事來。」

02　釋放了欲望的洪水猛獸

　　自從蔡英文 2016 年 5 月上任後，就將「非核家園，永續台灣」作為能源政策的核心理念，也對大家承諾「10 年內電價不會大幅上漲」，實際結果卻是，電價不停地漲，外界憂慮的缺電問題還是沒解決！

　　民進黨執政後，在「非核家園」的前提下，提出核電廠 2018 年至 2025 年陸續除役的時序表，並宣示能源配比為「2025 年實現再生能源占比達 20%、天然氣 50%、燃煤 30%的發電結構，且能穩定供電」，學者、專家紛紛表示：「達標的機率非常低。」

　　2016 年台灣的能源發電結構為：

核能占 12%

再生能源占 4.8%

燃煤占 45.4%

天然氣占 32.4%

其他能源（含燃油及水力）占 5.4%

2025 年蔡政府預估能源占比：

再生能源 20％

天然氣 50％

燃煤 30％

　　當時，工商團體也質疑一味的反核將導致「缺電」問題，蔡英文回應「備載維持 7.5％就不會缺電」，這樣回應就是「問 A 答 B」，因為，維持一定的備轉容量率，確保是用電量大的時候不缺電！但是，企業們擔心的卻是 5 到 10 年以後的缺電問題。

　　全國工業總會也在《2017 工總白皮書》對政府政策的建言中，提出「電力安全」就是「國家安全」，蔡政府「以再生能源發電取代核發電、以天然氣發電取代煤發電」的能源政策規劃，對於國家低碳經濟發展非常不利，更與國際主流多元能源開發趨勢背道而馳，也使台灣面臨高度缺電風險。

　　由於蔡政府 2016 年推出反核的能源政策時，是以 2015、2016 年的經濟成長率水準約 1～2％來推估，故估計 2025 年發電量為 2,575 億度，但是其實在電子產業蓬勃發展與地球暖化的影響下，台灣的總用電量一直不斷增加，2020 年時就達到 2,712 億度，已遠超過經濟部預估 2025 年的 2,575 億度。

能源轉型　　策略1　　打造零碳能源系統

確立關鍵技術項目**與**技術發展排序
並辦理落實規劃**及**對外溝通

2020　　　短中期（～2030）　　　　長期（～2050）　　　2050

再生能源

增加自產再生能源
（優先布建成熟光電風電）

太陽光電（傳統矽晶）
2025年累計20GW；2026-2030
年每年2GW
離岸風電（固定式）
2025年累計5.6GW；2026-2035
年每年1.5GW

極大化自產再生能源
（擴大光電風電設置場域，
持續技術突破，扶植優勢前瞻地熱海洋能，
建構基載型綠電）

太陽光電
朝高效率模組發展 至2050年目標累計達
40-80gw
離岸風電
朝浮動式、大型化機組發展 至2050年目標
累計達40-55gw

火力發電

火力發電低碳化
（推動以氣換煤導入氫氨混燒）

天然氣（煤轉氣；燃煤亞臨界視供
電情形提前停轉）
氫氨混燒示範（興達、林口）

極大化自產再生能源
（燃氣+CCUS、進口碳中和LNG、氫能
發電燃煤轉為安全備用）

天然氣（+CCUS、進口碳中和LNG）
氫氨（混燒比例提高、專燒）
燃煤（超超臨界機組+CCUS、2050年轉為
安全備用）

無碳燃料

建構無碳燃料供應體系
（提供產業、運輸所需氫氨與生質燃料）

生質能（國內料源為主）
氫能
（成立經濟部氫能推動小組）
（推動國際合作，建置示範系統）

氫氨（進口綠氫）（餘電產氫）
生質能（布局國外料源）

打造零碳能源系統，資料來源：政府公告的《台灣 2050 淨零排放路徑及策略總說明》。

111年能源供給概況

供給結構

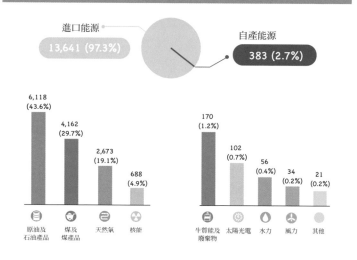

進口能源 13,641 (97.3%)

自產能源 383 (2.7%)

6,118 (43.6%) 原油及石油產品

4,162 (29.7%) 煤及煤產品

2,673 (19.1%) 天然氣

688 (4.9%) 核能

170 (1.2%) 生質能及廢棄物

102 (0.7%) 太陽光電

56 (0.4%) 水力

34 (0.2%) 風力

21 (0.2%) 其他

出口能源
單位：萬公秉油當量（10^4 KLOE）

石油產品 1,853 (99.8%)

出口能源 1,857

煤及煤產品 4(0.2%)

111年能源消費概況

部門別

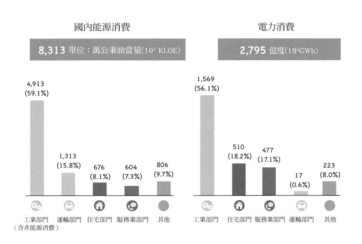

國內能源消費
8,313 單位：萬公秉油當量(10⁴ KLOE)

- 工業部門（含非能源消費）4,913 (59.1%)
- 運輸部門 1,313 (15.8%)
- 住宅部門 676 (8.1%)
- 服務業部門 604 (7.3%)
- 其他 806 (9.7%)

電力消費
2,795 億度(10⁹GWh)

- 工業部門 1,569 (56.1%)
- 住宅部門 510 (18.2%)
- 服務業部門 477 (17.1%)
- 運輸部門 17 (0.6%)
- 其他 223 (8.0%)

能源別
單位：萬公秉油當量（10⁴ KLOE）

- 天然氣 586(7.0%)
- 其他 284(3.4%)
- 煤及煤產品 654(7.9%)
- 電力 2,670(32.1%)
- 石油產品 4,118(49.5%)

國內能源消費 8,313

111 年能源供給概況、111 年能源消費概況，資料來源：經濟部能源局網站（https://www.moeaboe.gov.tw/ECW/populace/content/SubMenu.aspx?menu_id=14434）。

被視為護國神山的台積電，2014 年的總用電量為 70 億度，到 2019 年已經來到了 143.27 億度，短短五年翻倍成長，更別說，擴廠後用電需求也不斷升高，台積電三奈米 2022 年預計一年用電量高達 77 億度，若加上寶山廠一期及二期量產後，總用電量約 215 億度；加上，地球暖化導致夏季氣溫增高，住宅用電也是年年增長。

全國用電量大幅增加，也導致民進黨能源轉型政策方向，遭質疑無法達標外，還有學者批評達成轉型目標的過程中，將導致燃煤發電占比增加，不利於削減溫室氣體排放以及改善空氣污染。

不僅缺電問題，在 2017 年 8 月 15 日，台灣陷入長達 5 小時的 815 大停電，2018 年 5、6 月間，台北市和新北市更連續發生 24 次跳電事件，對民眾與企業都造成巨大損失。

為什麼蔡政府寧可抱著「反核神主牌」與冒著「缺電的國安風險」，不願意修正能源政策呢？

全台的地主、業者將以利益最大化的原則，去處置土地，從西濱公路以東開始，光電板一片片地展開，它們蓋在土地上，彷彿是將整片土地都捆綁在利益的鎖鏈上，正如一隻全副武裝的穿山甲，一步步地覆蓋著這片土地，將它包覆

在綠能之下。

原來早在 2016 年到 2019 年時,蔡政府已經開始積極推動「種電」。2016 年 7 月,蔡政府上任不久後,行政院就火速通過「太陽光電 2 年推動計畫」,透過設置典範、健全法令、簡化行政程序等策略,使得同年 12 月太陽光電累積設置達到 1.7GW,超越原先預計的 1.52GW 目標。

同年 10 月,行政院看見太陽光電成效成長飛快,立刻推動「2020 年太陽光電 6.5GW 達標計畫」,甚至規劃明確的三大主軸——產業園區擴大推動屋頂型光電、農漁畜電互利共生,包括在台糖土地建立農電示範專區,在台南及嘉義等地建立「漁電專區」,以及鼓勵畜牧設施屋頂加設光電設施,另外還有在屏東縣的東港、林邊、佳冬、枋寮等四鄉鎮因嚴重地層下陷,不利耕作,政府已經擇定活化為「光電專區」。

但是,事實是什麼?事實就是,2018 至 2020 年度屋頂型光電達成的裝置容量目標僅有 53.8%,成效不達預期,台灣南部的土地上卻種滿了光電板,就連沒有嚴重地層下陷的屏東土地也被拿來種電,蔡政府看似為了兼顧國家能源安全、綠色經濟及環境永續,實際上卻是掛羊頭賣狗肉!

屏東在地的立法委員廖婉汝委員也多次痛批蔡政府，屏東原本是蔬果的故鄉，已變成黑色光電板的故鄉，這是犧牲農業與景觀生態的代價下達成的「成就」。隨著農委會 2020 年 8 月 1 日修法上路後，屏東縣沿海的四個鄉鎮——東港、林邊、佳冬、枋寮，原本富饒的農地不得不被加速開發，果樹和稻田不見了，鄉間景色到處是一塊塊的光電板。

　　屏東的海岸線原本一邊是山、另一邊是海，現在山的那邊變成光電廠的圍牆，而且光電廠甚至會透過檢舉農地蓋違章建築的手段，逼農民退租國有地，不只破壞原有田園風光，還有排放污染物的疑慮，影響周邊農地與環境。不管是「農電共生」還是「漁電共生」都嚴重威脅農民生計，更嚴重影響台灣糧食自給率，最近又再傳出車城許多的芒果園恐被用來種電的消息，讓當地居民和果農都深感恐慌。蔡政府一意孤行下，農村魚塭全成了光電板的天下，蔡政府口口聲聲說不缺電，卻種電種到失心瘋，難以想像美麗的家鄉未來會變成什麼樣子？

　　這段期間，綠友友們更是各個毫不掩飾地盤算著，如何瓜分綠能政策大餅！

　　絲毫沒有能源相關專業的前綠委賴勁麟，一口氣擔任十

多家綠能公司的董事長，其中就包括大名鼎鼎的雲豹[1]；還有新竹小英之友會副祕書長古盛煇與前行政院政務委員鄭永金家族合作大發綠電財，短短三年就成立了九家「天」字號綠能公司。

在利益的驅使下，綠友友們的綠能光電公司，如雨後春筍般「蓬勃發展」，充滿欲望的洪水猛獸就在綠色庇護下，以驚人的速度成長膨脹，終於浮出水面。

1　賴勁麟已於 2023 年 8 月 21 日辭去雲豹董事長一職。

03 黑金政治浮出水面

台南學甲 88 槍擊案發生後一個多月過去，遲遲沒有破案……

「媽媽很想你！」涉案槍手孔祥志的母親多次向兒子溫情喊話，希望他能快點和家人聯絡、快點出面投案，但日子一天天過去，兒子仍然音訊全無。由於主嫌綽號「紅龜」的洪政軍一夥的關係人中，有人在柬埔寨做生意，警方推論槍手孔祥志恐怕已經逃亡柬埔寨。

九合一大選前瘋狂掃射 88 槍，無疑是公然挑戰公權力與警政執法的決心。這麼重大的刑案，卻不見地方政府積極辦案的決心，選舉前，案子沒消沒息，選舉後，警方稱掌握兇嫌相關情資，為何遲遲未能逮捕歸案？到底是辦不了，還是不敢辦？

社會各界都非常關注此案件的調查進度，破案的壓力也落在警方身上，為了顧及轄區治安，此時的學甲分局基層員警被要求晚上加強巡簽，緊接著白天照常辦理業務，天天爆肝。諷刺的是，警界「高層酒池肉林，基層累死路邊」，警界士氣已跌落谷底。

我在立法院內政委員會質詢時，詢問內政部次長花敬群、警政署長黃明昭，88 顆子彈滿天飛，不是 88 顆鞭炮，當地居民人心惶惶，為什麼案子一拖再拖，沒有任何進度？警政署的答案永遠都是「積極調查」、「已在追緝中」。眼看治安敗壞，政府束手無策，不管對國會或是人民來說，都是絕對無法接受的。

要說槍手是無緣無故連開 88 槍，任誰都無法相信，更多人認為槍擊案只是冰山一角。

案件中的核心關鍵人物「民進黨中執委郭再欽」，連公司被開 58 槍，卻都不願意協助調查、不去做筆錄，大家有看過這種被害人嗎？

PTT 甚至有網友爆料，案發當天下午，學甲警分局長蔡宗昌舉行記者會，還提醒媒體「這次被開槍與郭再欽無關，不要把他寫進去」，點名蔡宗昌為了升官護航民進黨中執委郭再欽。

不過，郭再欽神隱多日後，還是止不住各方輿論，終於浮出了水面，民進黨的腐臭氣息終於被聞見。

原來這個被開 58 槍的「立德鑫」公司，原地址就是七年前，涉嫌非法掩埋爐碴遭輕罰 6,000 元的「明祥馨」公

司，雖然兩家公司登記負責人不同，但地方上都知道公司主導人，就是民進黨中執委郭再欽。

早在賴清德擔任台南市長任內，綽號「爐碴王」的郭再欽，就被爆出靠著清理廢棄物「爐碴」的無本生意，猶如暗黑新台幣煉金術師。利用銀行貸款買農地深挖，土壤賣出先賺一筆，運送、深埋爐碴再賺一筆，最後土地不論是填平轉手賣人或轉為光電用地，這樣一套操作下來，良田與水質都已遭受污染，「爐碴王們」靠著毒害土地，賺得盆滿缽滿。

2015 年，明祥馨公司因為學甲農田掩埋爐碴，產出高達 7 萬斤的爐碴米差點流入市面，被當地民眾檢舉，郭再欽遭嘉義檢調送辦。沒想到檢方卻判定，學甲區將軍溪畔農地與工業區土地，所埋的數十噸爐碴是「再利用後產品、並非廢棄物」，於 2016 年作出不起訴處分。

下雨時，學甲區的慈福里李新進里長與居民發現，掩埋爐碴的田地周圍，原本清澈的溝渠，都會變成詭異的奶油色，疑似爐碴溶出不明物質。居民非常擔心，如果爐碴不趕快清除，恐怕污染會隨著水流擴散。

2019 年 4 月，李新進里長再次檢舉之前沒有調查的土地，包含學甲區將軍溪畔的大灣段部分農地、學甲工業區興

業段及國有土地，都發現有違法填埋爐碴的情形，且要求對 2015 年檢舉的案件重啟調查。

2022 年 12 月，88 發子彈掃射的戾氣與焦慮，都還沒在空氣中消散。對抗黑金怪獸的擂台鐘聲，正式敲響！經過台南地檢署三年多的勾稽偵辦，終於起訴了郭再欽、賴榮添等八人，以及被告明祥馨公司等法人，並於 12 月上旬扣押了被告名下財產。

檢方認為，郭、賴、魏等人明知電弧爐爐碴不能填埋農地，卻貪圖背後的龐大利益，由郭利用擔任學甲農會理事之便，取得大灣段靠將軍溪農地，加上學甲工業區土地，共計違法填埋 679,970 公噸的巨量爐碴，為明祥馨公司節省廢棄物清除處理費 18 億以上，還有從各鋼鐵廠收取的清除處理費用 3 億 6 千多萬，合計獲利超過 21.6 億元。

羅馬不是一天造成的，黑金巨獸更不是。

賴清德擔任台南市長任內，能大賺黑心錢 21 億，非法掩埋 67 萬噸爐碴在農田、工業用地甚至國有地，真的是沒有任何公職、民進黨中執委郭再欽一個人可以做到的嗎？到底是誰在背後撐腰？才能讓郭再欽一步步壯大黑心事業，以爐碴糟蹋土地，從中謀取數十億利潤，最終養成黑金巨獸？

台南市前議員謝龍介曾指控：「郭再欽拿黑心錢投資民進黨政客。」謝龍介還爆料，坊間傳言，想到台南賺光電財，都得通過郭再欽才能知道「饋線路徑」並獲得市府許可。郭再欽還從中收取佣金，再把事業夥伴開陽能源負責人蔡宗融、宸峰工程負責人蔡清旭及圓山開發楊志強等人拉進來，去承包他仲介的光電案工程。2017 年至今，郭再欽靠這種手法做了多少案子，賺了多少錢，目前為止檢警還沒有公布。

　　地方人士透露，郭再欽是許多大型光電廠商和高層的仲介人。他能吃得開，是因為有台南府會內的英系人馬撐腰。

　　「宸峰工程」負責人蔡清旭不僅和郭再欽有緊密的合作關係，還有更厲害的角色。他是官股子公司「台鹽綠能」的民股股東「承暘光電」負責人。

　　我們知道，台鹽在二十年前結束製鹽業務，就轉型側重其他事業。台鹽是官股公司，中華民國經濟部的國營企業，日治時代起家，2002 年台鹽最後一個曬鹽場停止業務，台鹽轉向生技產業，生產化妝品、美容保養品。經濟部是台鹽最大的股東，民營化後，經濟部持股比例達 38.88％，有一半董事都是經濟部派的。

國家為了發展綠能，2017 年，配合執政黨的能源政策，台鹽成立一個綠能公司——台鹽綠能股份有限公司。2020 年，在一片爭議聲中，台鹽 100%持股的台鹽綠能突然宣布增資引進民股。開過公司的人都知道，引進其他股東除了可以擴大資源，減少立即投資，但分紅時利潤也要分出去。如果不是湊不出資源，是不會輕易與背景完全不相似的股東合夥。

　　台鹽董事長是官派，民進黨上任後，任用陳啟昱為董事長。陳啟昱是高雄市陳菊市長時代的副市長，蔡英文當選總統後，接任台鹽實業公司董事長。陳啟昱接任台鹽後隔年，民進黨在「非核家園」政策下，確認綠能政策，台鹽即成立台鹽綠能股份有限公司。

　　國營企業台鹽投資設立的子公司「台鹽綠能」沒問題，但是為什麼在民進黨第十九屆中執委陳啟昱接下董事後，剛好就要引進民間資金？這個民股股東「承暘光電」負責人蔡清旭剛好和「宸峰工程」負責人蔡清旭是同一人？而且蔡清旭的「宸峰工程」學甲廠地點，剛剛好就設在郭再欽的「立德鑫」公司裡面！埋爐碴和搞光電就這樣連結到了一起，難道只是「巧合」而已？

最後，台鹽綠能 2020 年承攬「嘉義義竹漁電共生案場」時，又剛剛好將部分光電案轉包給宸峰工程。這樣的利益系統，根本形同左手換右手！

　　學甲爐碴案遭起訴、88 槍擊案沒破案、台南正副議長賄選案，一連串的弊案，凸顯出黑金政治在台南地方上早已盤根錯節，民進黨在台南執政長達二十年，「絕對的權利，換來絕對的腐敗」，於是豢養多年的「黑金巨獸」，終於爬出水面，走上大街。

　　黑金巨獸養分來源就是「反核神主牌」和「綠能」利益，龐大的光電利益引來黑白兩道的覬覦，但沒有白道的掩護怎麼可能成功？搶下議長之位，就是為了方便官商勾結、方便埋爐碴。果然在議長選舉時，綠營新潮流、英系與正國會內鬥茶壺風暴真實上演，議長選舉前買票、黑道恐嚇傳聞甚囂塵上，全台南人盡皆知，如此囂張，打著綠色旗幟，事實上做著毒害土地的事，魚肉鄉里。

04 不可思議的停電日常

2022 年 3 月 1 日，蔡總統會見工商團體時，上一秒才信誓旦旦掛保證：預估今年用電尖峰仍會成長，但有幾項工作已經實施，會確保穩定供電。相信可以滿足未來的電力需求。下一秒就傳出竹科的力晶科技廠區內的主變壓器跳脫故障導致壓降，且陸續出現跳電情況。

2022 年 3 月 3 日，蔡總統的保證才過了短短兩天，台電出包就此開始。上午九點左右從南部陸續往北傳出大停電，直到當天晚間 9 時 31 分才全數復電，總計影響 549 萬餘戶，台電提出電費減免方案：只要停電，就有 95 折賠償。（噢！還突然想到，2021 年 12 月 13 日，台電萬隆變電所因設備故障過熱爆炸，造成雙北 30.5 萬戶大停電，但台電的補償方案，有 9 成以上停電戶都拿不到補償，就算停電超過 3 小時的停電戶，拿到賠償金額也只有 1 元。）

這次大停電不只讓全民感到錯愕，甚至連工商界產業界也痛批噩夢即將來襲。更尷尬的是，就在蔡總統接見美國前國務卿彭佩奧之時，全台出現無預警大停電，總統府還因此取消直播！蔡總統的「確保供電說」就像泡沫，一戳就破。

這是繼 2020 年 513、517 全台兩次大停電後，第三次的大停電。而又是誰讓「不缺電」的保證成為空包彈，讓「大停電」成了不定時炸彈？

2022 年的神祕數字：3541 號開關

就在大家熱烈討論停電原因是什麼的時候，也讓人發現了一組神祕數字，那就是「3541」。

今年的 303 大停電，是在台電興達發電廠 2 號機大修期間，相關人員進行測試時，卻在無絕緣氣體的情況下，操作隔壁相連的 3541 開關，導致 3540 開關設備短路接地故障。整起事件也在 2023 年 7 月 5 日遭監察院糾正，調查發現肇因是人為疏失，事證明確且情節重大，糾正台電公司，並彈劾相關人員。

而去年的 513 大停電原因則是，「相關人員原本要打開 3542 隔離開關，卻誤開 3541 的隔離開關，才會產生故障，電力系統電壓突然驟降，引起興達電廠四部機組跳機。」

看到這裡，也不禁讓人毛骨悚然，怎麼會都剛好是 3541 呢？難道這個數字，就是政府拿來推卸責任的理由嗎？

政府的停電理由總是千奇百怪。

自從 2017 年發生停電事故後，再之前已是 2002 年，為何這十五年來台灣可以相安無事，直到蔡政府上任後各種花式跳電，台電究竟發生了什麼事？民進黨執政六年就有五次大停電和無數次的跳電，但就是沒有一次承認是缺電。

　　303 全台大停電。

　　305 南永康區公園路一帶，事故原因：地下電纜故障。

　　306 故宮南院，事故原因：匯流排零件故障，導致開關跳脫。

　　309 高雄岡山，事故原因：線路故障跳脫。

　　311 桃園機場第二航廈，事故原因：兩名嫌犯拿油壓剪剪斷了高壓電纜導致停電。

　　315 中和，事故原因：地下電纜故障。

　　315 高雄大社、燕巢，事故原因：一隻鳥觸碰帶電設備造成礙子破裂停電。

　　316 基隆安樂、中山清晨，事故原因：疑似動物誤觸，在一旁的草叢中發現一隻焦黑的松鼠。

　　318 台北市內湖，事故原因：饋線故障。

　　三月才剛過一半，就有將近十天都有停電事故，而停電

理由依舊百百種，像是兩名嫌犯光靠油壓剪就能輕鬆剪斷通電中的電纜，還毫髮無傷，難不成他們是李奧納多皮卡丘嗎？

更不要說，從 303 大停電以後，光是罹（背）難（鍋）的松鼠就不知道超過幾隻了，看到這裡，你是否也覺得各地停電事件，應該要調查一下了呢？畢竟也是一條條的小生命啊！

我們都想到了，何況是我們的蔡英文總統呢？總統甚至想得更周到，她要求提高到國安層級調查停電是否有涉及境外勢力的介入？我們想到的是調查清楚，但我們的總統想到的可能是：是不是又是中共認知作戰？還是阿共的陰謀？

看來總統是多慮了。國安局長在立法院質詢時，否認外界對外來勢力造成停電事故的說法，更說：「境外勢力不會去丟一個鳥巢在那邊」、「那還要丟得很準」。

這時候你可能會想說，台電不是經濟部管的嗎？經濟部部長王美花人呢？

不要急，從來不讓人失望的部長，在這呢！經濟部長王美花在節目上對於缺電問題表示：台灣並不缺電，但民眾還是需要在家戶用電的部分節電，「因為現在電費其實是太便

宜了」。

　言下之意：不是缺電，是你們用太多電啦！

　在 303 大停電事件發生後，台電董事長和總經理已經提出辭呈，以示對事件的負責。然而，作為主管單位的經濟部長王美花僅選擇了自請處分，這在多次停電事件的情況下，造成許多民眾的損失。面對如此情況，王美花該做的僅僅只有「自請處分」而已嗎？

05 黑道打開了潘朵拉的盒子

2023 年 2 月，在中國大陸的配合下，循線逮捕了紅龜和孔祥志，並依《兩岸共同打擊犯罪及司法互助協議》將兩名犯罪嫌疑人從中國大陸引渡回國。

李奇漢駕駛小客車載孔祥志到台南中西區武聖夜市，孔在車上換穿一套新衣物，把換下的舊衣物交給李奇漢，李再託人湮滅這些舊衣物證。孔在武聖夜市下車後，徒步走到北區花園夜市附近，騎著事先備妥的機車並掛偽造同車型的車牌，到學甲區先後對郭再欽（民進黨前中執委）的前公司建物與謝財旺女兒謝舒凡（之後當選本屆南市議員）競選總部，分別開了 58 槍及 30 槍。

這是時隔五個月後，台南地檢署歷經千辛萬苦，終於釐清的真相。

檢方從紅龜的手機中查到，認定學甲慈濟宮董事長王文宗疑似與老友郭再欽、謝財旺交惡，因而海線角頭教唆綽號紅龜的通緝犯洪政軍策畫槍擊案，並指派小弟孔祥志前往郭、謝的辦公室及服務處掃射警告，然後再安排洪、孔偷渡中國。檢方在 4 月中旬將王文宗、洪政軍等八人依違反《槍

砲彈藥管制條例》、《刑法》藏匿人犯等罪嫌起訴。

檢方起訴的對象包括王文宗、洪政軍、孔祥志、楊展華、謝俊誠、蔡金郎、郭建彰、李奇漢等八人。除了王文宗因為證據不足，獲法院 70 萬元交保，洪政軍另案入監服刑以外，其他六人均在押，後續將移審法院決定是否交保。

檢方雖然懷疑還有幕後未曝光的共犯，王文宗、洪政軍否認犯罪並拒絕交代背後動機，使得檢方無法得知本案與台南龐大的光電利益牽涉到多深的地步。

王文宗曾任改制前的台南縣學甲鎮民代表會主席、國民黨學甲區黨部主委，現任學甲區「慈濟宮」董事長；前無黨籍台南市議員謝財旺曾任學甲鎮民代表會主席、學甲鎮鎮長；郭再欽亦出身學甲區，從事廢棄物清運和工程仲介。檢方查出，三人原本「私交甚篤」，雖分屬不同政營卻在政治上互通有無，直到 2018 年底，關係突然生變，王文宗與其他兩人交惡。

洪政軍是黑道大哥，因重傷害案，在 2017 年 4 月就遭到檢方通緝。他在通緝期間為了掩護身分，四處躲藏，交通都由小弟代理，不自己開車，名下也沒有行動電話號碼。他出入都由小弟楊展華、郭建彰接送。

2021 年 12 月 30 日深夜 11 點多，洪政軍指派黑道人物楊展華、謝俊誠漏夜北上到新北市新莊找蔡金郎，蔡金郎帶他們轉往新北市板橋區民族路一處民宅，交付一個紙袋，裡面是一把 MP5 衝鋒槍及一批數量不詳的 9 釐米子彈。謝俊誠和楊展華一拿到槍彈後就趕回學甲，謝俊誠將槍彈藏放在家裡。兩週後楊展華將槍彈交給洪政軍，洪政軍再轉交給孔祥志。

孔祥志的生活可以說一塌糊塗，數次酒駕被抓、開罰，又欠人錢財被告，亟需用錢。擔任槍手，獲得安家費可以緩解他的問題。

他們對犯案地點進行踩點，研究如何躲避監視器，製造犯罪斷點。

他們選定光陽廠牌「白色」「MANY」型號的機車，這成為孔祥志的犯案交通工具，並且將機車事先藏在花園夜市機車停車場。

他們抄別的摩托車車牌號碼，再從「蝦皮拍賣」網站上訂購偽造車牌，懸掛在犯案用的機車上。

洪政軍遂指示花園夜市停車管理員郭建彰，把機車上的指紋擦掉，再將這輛機車 180 度調頭，把車牌朝著牆壁放，

防止車主發現車牌被偽造。

在孔祥志開槍當天凌晨，另一名共犯楊展華，提前到國姓橋、西港大橋附近查看警方有沒有臨檢，這兩條路是犯案和逃亡的必經路線。

2023 年 11 月 10 日凌晨 2 時 58 分許，孔祥志騎著白色 MANY 機車，先趕到郭再欽位於頂山寮的科技公司辦公室外，瘋狂掃射了 58 發子彈，再騎車 8 分鐘，於 3 時 6 分到達謝財旺服務處，同時是謝舒凡競選總部，痛快淋漓地掃射 30 發子彈，總共開完 88 槍以後，騎著機車揚長而去。

孔祥志逃亡時一路躲避監視器，逃到將軍區苓保時，又刻意在監視器照不到之處，改掛另一面假車牌，繼續往南逃逸，直至曾文溪沿岸，西港大橋新復里溪埔寮一帶，消失在黑夜中。

孔祥志犯案成功並順利脫逃後，李奇漢立即收到 50 萬，另有 100 萬元「安家費」給孔祥志的母親。

這到底是什麼錢？地方勢力王文宗、謝財旺與紅頂商人郭再欽之間，又有什麼恩怨？

但我們知道這個孩子此一去，短時間不能回來，待他從監獄出來，是否還能見到老邁的母親？

06 如何說服自己台灣不缺電？

2023 年 6 月 6 日，是台積電的股東大會。大家都知道，這些大佬們坐擁電子帝國，但股東們似乎也是有心事的。當有人問起：「你們有沒有缺電的問題啊？」台積電的總裁魏哲家頗有自信地回答：「應該不會啦。」不過，接下來的一句話真是讓人哭笑不得。董事長劉德音幽默地補充道：「台灣政府認為我們電是夠的，我們也只能相信它。」大家都知道，這裡頭可是暗藏玄機啊。

看來，這次的股東大會不僅僅是討論財務，還有一場政治幽默秀。

這幽默之下，似乎還是藏著一點對政府小小的無奈呢。

但要說幽默，還是比不過政府。

303 大停電以後，中北部漸漸恢復電力，唯獨南部出現復電又停電的消息，台電卻說：「是因為鄰近傍晚太陽逐漸下山，太陽光電出力減少，才會導致南部復電又停電。」但是你知道嗎？太陽每天都會下山，台電是今天才知道太陽會下山嗎？不可能吧！對吧？

而七年發生 4 次大停電，也讓「台灣究竟缺不缺電？」

在民眾心中種下了疑問的種子。

首先我們要先定義什麼是缺電？

許多人都以為發生大停電才是缺電，只要沒有發生大停電就是沒有缺電。但其實不是，這些都是有數字存在的。

政府訂有備用容量率及備轉容量率，「備轉容量率」指的是電力公司當天實際可以發電的機組發電容量，會扣除歲修、故障或因其他原因不能發電的機組容量，扣除這些機組，才能精準了解系統運轉淨尖峰的供電能力，而「備轉容量率」則是指一天的電力供應與當天用電戶最高需求的關係。

目前政府核准之合理「備用容量率」目標值為每年15%、「備轉容量率」目標值為每天10%，所以只要備轉容量率低於10%、燈號不是綠燈，就可以說是缺電。低於6%以下就容易發生限電，燈號極有可能從供電警戒的橘燈變成限電警戒的紅燈，甚至是限電準備的黑燈。

2023年4月，夏天還沒到，台電就已經啟動兩次需量競價向民間購電，而高價購電的作法也引發爭議，台電坦言購電是為了讓備轉容量率維持在6%以上的「黃燈」。

過沒多久，台電就研擬重新檢討備轉容量率制度，修改

備轉容量燈號的定義。台電代理董事長曾文生說：「有意修改現行電力備轉容量率的標準，以降低民眾見燈號轉黃即陷入限電的恐慌。」但是，台灣會不會出現限電？會不會停電？有沒有缺電？關鍵不是在於實際可以供應的電力夠不夠嗎？若電力供給無法因應需求，那麼黃燈依舊還是黃燈，就算改成綠燈又有什麼用呢？

除了更改燈號以外，經濟部能源局為了因應節能減碳，祭出新的限溫令，原先餐飲業及飯店不在限制內，但在 2023 年經濟部開始針對用餐時段，要求業者將冷氣溫度控制在 23 度上下，試辦至明年底，最快 2025 年正式納管，消息一出，引起外界高度關注。

2023 年 8 月 9 日，民進黨舉行中常會，黨主席賴清德在中常會上談及能源議題時脫口而出「台灣其實不缺電」，還當場拿出手機請示谷歌大神顯示此刻台電備轉容量率為 10.03％，是供電充裕的綠燈。不過，看似不缺電，但距離 10％至 6％顯示供電吃緊的黃燈其實僅有 0.03％之差。差那麼一點點，綠燈就會轉為黃燈了！

大家想知道的不只有「尖峰時刻的備轉容量率」，還有「用電吃緊」的時候，台灣的備轉容量率還能剩下多少？

其實，賴清德說台灣不缺電的前一天，8 月 8 日下午，備轉容量率只有 8.24％、8 月 9 日下午，備轉容量率也只有 8.96％。所以，在用電吃緊的時候，備轉容量率根本沒有達到像民進黨所說的 10％。

台灣真的不缺電嗎？事實是什麼？數字會說話。

07 空手套白狼的綠能企業

　　坊間盛傳，開陽能源負責人蔡宗融、宸峰工程負責人蔡清旭兩兄弟，是蔡英文總統的大金主。他們都是做工程生意的，不只是光電工程，抽泥沙他們也會做，真是多才多藝。

　　據時代力量立委陳椒華表示，經濟部水利署南區水資源局的一個標案「曾文水庫抽泥作業第三期」清運 510 萬噸泥沙，公開招標，得標廠商是鴻欣營造股份有限公司，決標金是 4 億 2,800 萬，換算下來每噸是 65.5 元。契約很清楚寫著工程不可轉包其他公司，但是分包可以透過申請。2018 年 10 月，蔡清旭透過鴻欣營造取得曾文水庫抽泥作業第三期工程，然後分包給晉立、晉昌、晉誠，每噸泥是 40 元。蔡清旭得標之後什麼都不用做，找三家下游公司去執行，每噸就能淨賺 25.5 元，暴利得到 1.3 億元。空手套白狼的手法運用純熟。

　　沒有過人的關係，他搞得到標案嗎？我們知道他和郭再欽有千絲萬縷的關係，透過掮客郭再欽，他得到不知多少工程，演變下來結果自己也成了掮客，去包攬工程，拿回來讓下游廠執行。這些人後來又成為民進黨的金主。一個個的民

進黨綠友友遍地開花，21世紀新型態的黑金政治儼然成形。

根據高檢署統計，截至2022年綠能行賄總計偵辦的有60件，羈押18人，起訴66人。未來這些人出獄後，還有可能繼續投入綠能產業。現在卻沒有法規可以限制他們未來繼續做壞事。

核電站自上個世紀50年代開始被商用，根據《2023世界核能產業現況報告》，截至2022年10月，共437座反應爐在全球32個國家／地區運轉。

近七十年的核能發電歷史中，共計發生三次重大核能事故，1979年三哩島事故、1986年車諾比事故與2011年日本福島事故，事故分別是因設備故障、人為疏失、嚴重地震海嘯引起。核災發生後對環境與人類都造成嚴重影響，也引發了民眾對核電的疑慮，但是替代能源仍在開發階段，全球暖化引發極端氣候的危機，更是迫在眉睫。

科學會進步，不會原地不動，可是我們看到的是民進黨的意識形態一動也不動，甚至愈來愈僵固化，成為台灣進步的最大絆腳石，反而是滋養了21世紀新黑金政治的溫床！

蔡政府大力宣揚2025非核家園的目標，進度年年未達標，但台電至2023年年底累積虧損恐怕超過4,000億！經濟

部卻稱台電今年大虧，是因為國際原物料大漲，而我們看到的是，台電平均售價每度電僅 2.84 元，可是太陽能收購價格卻是每度電 4.84 元。在民進黨政府綠能政策下，綠電遠遠不足，台電買愈多，虧得就愈多。

綠電利益，遠不止是收購綠電價差而已。政府為推動太陽能光電，近年積極劃設土地，供太陽光電業者架設太陽能板，不過發電業是特許經營事業，不但政府補助建設，又可以將電力躉售給台電，為「特殊」的利益團體創造「經濟租（Economic Rent）」超額利潤。

各界質疑民進黨「政治性反核」，假發展綠電的名義，行煉金賺飽之實！民進黨政府遭質疑後，並非檢討調整政策，黨內人士還紛紛出來護航，繼續高調反核，其中就包含民進黨籍立委賴品妤，而其父親就是雲豹能源董事長賴勁麟。

民進黨前立委賴勁麟，是新潮流派系要角，不只擔任雲豹能源公司的董事長，也是名下共 19 間綠能公司的董事長。除了前綠委，還有新竹小英之友會副祕書長古盛輝與綠營的鄭永金家族，2016 年至 2019 年分別成立 9 間綠能公司。古盛輝於 2016 年成立力暘能源時，註冊地址也絲毫不

避嫌，竟和民進黨新竹市黨部地址相同。

台電虧到快破產，還要用人民的納稅錢弭平補助 3,000 億，毫不掩飾上演「台電跌倒，綠友友吃飽」。

反觀雲豹能源公司，靠著綠能政策，自 2016 年公司成立之後，資本額新台幣 11.27 億元，短短幾年營收將破百億元。而前新竹縣長鄭永金的大兒子鄭朝瀚，2016 年陸續成立天輔能源、天衝能源、天禽能源、天篷能源，後 3 家公司更是綠色奇蹟，資本額在成立一個月內從 100 萬暴衝到 7 至 13 億。

最近幾年，賴勁麟透過名下 18 家綠能公司，以直接或間接捐款給民進黨部及 59 位參選人的政治獻金，就高達 1,778 萬元。經由賴勁麟、雲豹能源等管道，可得知民進黨在企業界已經布好許多金流，選舉時這些產業再投桃報李，成為民進黨的另一種「黨產」。

所以，民進黨的派系就開始搶食這塊大餅！這塊肥肉！

食物鏈最上端舉出的是反核神主牌，民進黨順水推舟地推出了一系列的政策，釋出政策利多消息，讓綠能產業獲利，而在這政策的底下是什麼？是一堆被掩護的綠友友！

這被創造出來的暴利，讓這群被掩護的綠友友吃得肥滋

滋！選舉又需要錢，完整的食物鏈就此形成。

　　誰在這裡付出了代價？是我們！

　　政府說不缺電，但跳電、停電、限電事件頻傳，發電成本很貴，台電瀕臨破產，大規模開發光電案場，破壞有限的生態，50％天然氣發電，間接導致溫室效應北極冰層融化，是我們好幾十年都恢復不了的，更腐蝕了民主法治基礎，嚴重破壞治安。

08 被搞到破產的台電

　　根據明道大學講座教授、會計師王鎮東計算，台電目前各機組發電，燃煤占 19.55％，燃氣占 37.19％，合計 56.74％，但這兩樣能源均來自進口，2022 年 2 月至 2023 年 3 月，燃煤平均漲幅是 162％，燃氣漲幅平均 100％，因此民生、工業用電電費至少上漲一倍，才能避免虧損或破產。但是若電費上漲這麼多，各行各業的成本就要增加，生活成本就要增加，生活品質就會下降。

　　你可以看到王鎮東製作的圖表，發現燃煤發電成本超過 4 元，燃氣發電成本接近 4 元，太陽能板發電成本超過 4 元（接近燃煤），風力發電成本接近 2 元，最便宜的是核能發電，差不多 1.7 元左右。

　　核二廠 2 號機於 2023 年 3 月 14 日正式停止運轉，供電缺口由大潭電廠 8、9 號機組替代。但兩部機組工期延誤，台電供電必定吃緊。核能三廠兩部機組分別在 2024 年、2025 年執照到期，民進黨政府不打算讓其延役。因此 2024 年核能發電會全部終止，實現非核家園。

　　經濟部長王美花說，核能發電實現之後，會以水利發電

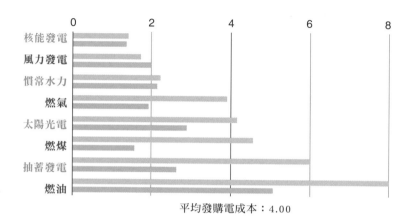

112年1月底止自發電力發電成本 單位：元／度

核能發電
風力發電
慣常水力
燃氣
太陽光電
燃煤
抽蓄發電
燃油

平均發購電成本：4.00

■ 112年1月底止
■ 110年審定決算

112 年 1 月底止自發電力發電成本，資料來源：王鎮東（明道大學講座教授／會計師／專利師）。

補上缺口。問題是，台灣都缺水了，怎麼會有多餘的水來發電？

風電七年來已投入超過 2 兆元，但發電量僅占全部總發電量的 0.2％，而且為了促成綠電發展，台電還被迫以每度 7.14 元購買風電。如果現在電費消費端是每度賣 2 元，等於買一度電虧 5 元。

台電實收資本額 3,300 億元，核四投資了 3,100 億元，打了水漂，2022 年虧了 2,271 億元，2023 年 1 月底為止虧了 321 億元，一共累積虧損 5,692 億元。這樣的公司焉能不倒閉？

台電虧損，背後支撐的是經濟部長還是百姓納稅錢？

2020 年 12 月 28 日，經濟部長王美花說：「因為台電資本額才 3,300 億，目前累計虧損 617 億，如果再認列核四資產減損，必須由國家增資彌補，否則就要宣布破產。」

2021 年 4 月 1 日，我在總質詢的時候就問過經濟部長王美花，2020 年 12 月 18 日四大公投後確定不會重啟核四，那麼台電是否會宣布破產？王美花回答：「我們不會讓台電破產，因為台電是台灣非常重要的資產，核四停建後會把這個場地重新規劃再做利用。」

但是儘管原先核四的場地重新規劃再利用，剩餘的價值能夠彌補台電所虧損的金額嗎？

　　在未來 2050 台灣淨零排放路徑中，8 年內有 9,000 億轉型預算投入 12 項關鍵戰略，其中就有 4,400 億來自各國營事業投入能源轉型及淨零轉型的投資，台電現在不只虧損，甚至面臨宣布破產的窘境，這種情況下，又該怎樣做投資呢？

　　常常覺得自己是大預言家，怕什麼來什麼！

　　2022 年 12 月 17 日，受到俄烏戰爭的影響，全球能源價格飛漲，而台電在 2022 年前十個月就已經虧損了 1,723 億元，超過原先 3,300 億資本額的一半。為了解決虧損危機，台電因此召開股東臨時會，確定增資普通股 150 億股，每股面額 10 元，增資金額計 1,500 億元。增資方式以私募方式由經濟部全數增認，增資後實收資本額將達 4,800 億元，而增資的 1,500 億將用在電廠機組更新及電網強韌計畫。

　　台電一直持續在虧損，預計 2023 年底恐怕會累積虧損 4,000 億元，即將超過台電原資本額的 4,800 億！正當百姓擔憂台電會不會破產、會不會最後演變成全民買單時，我們的經濟部長在做什麼呢？王美花說：「都有在持續精算，一定會做到讓台電穩定運作。」不管發生了什麼，經濟部長一定

不會讓台電宣布破產！

不知道讓台電穩定運作是不是包含捐出了 8,000 萬元的巨額款，幫高雄蓋動物園？為何虧錢還能夠捐助改建動物園？

2023 年 8 月 8 日，經濟部又在 2024 年總預算中爭取編列 1,000 億元台電增資計畫，換言之，台電資本額明年將擴大至 5,800 億元。

但是，不斷增資就能解決根本問題嗎？解決方法是什麼？按照會計師的專業，當然在製造端該轉以生產成本低的方式降低成本，在消費端提高售價。

台電持續虧損，首當其衝的問題就是能源政策！而最好的方式，是用升級過的新核能發電技術。

09 反核煉金術

在當今世界，能源議題一直是國際社會關注的焦點，在氣候變遷深切影響人類生活的情況下，各國都在探索一個更安全、更清潔的能源未來的同時；台灣能源議題討論中，卻總是離不開「意識形態」、「黑金糾葛」、「生態破壞」與「缺電危機」，這些關鍵字碰在一起，儼然成為民進黨執政裡新型態的貪腐現象，以反核神主牌之名，行煉金之實的「反核煉金術」。

反核煉金術＝反核×光電×黑金

首先，就是這個「高道德的招牌」，貼滿街頭的反核運動口號，如反核遊行喊出「要孩子，不要核子」、「我是人，我反核」、「不要再有下一個福島」等口號，高舉著道德大旗，其實這些口號涉及的，是整個能源議題，不是單單討論核能存廢這麼簡單。

從古至今，簡單又引人注目的口號，都能使社群更容易理解和產生共鳴，也可以在短時間內吸引群眾的關注，喚起大家的道德感與社會意識，鼓勵人們參與公共議題的討論，

應該是有益於政策制定者了解社會的需求。

這些口號，不只反映出民眾對於「核能」使用上面可能帶來的安全疑慮，以及人類與土地的情感連結與關懷；也反映出，我們對於未來與下一代的期許，對於生活健康環境的重視與環境保護意識。

所以，從口號中我們就能明白，環境和能源議題的討論本就該深入各個面向，不能只是說很好聽、高道德的口號來「反核」，使人忽略背後的複雜背景與科學證據，同時，卻隱藏了包裝後貪腐的黑金巨獸、生態破壞、能源安全等風險。反核口號如此，能源議題更是。蔡政府提出「2025 年非核家園」之後，又為了達成 2050 淨零碳排，高喊「非核家園目標不變，全力衝刺綠能」，但這並不是簡單的幾句口號喊喊就能達成的目標，關鍵是我們應該如何做到？

聯合國通過《巴黎協定》，期許大家共同遏阻全球暖化。政府近年也積極推動綠能相關政策調整與法制配套，促進再生能源發展。大家都非常期待，在台灣高科技領域發展基礎上，與台灣得天獨厚環境之下，再生能源可以為台灣帶來龐大的商機。

龐大的商機並不一定是壞事，因為也同時創造了經濟成

長啊！如果政府有信心地帶動很多的產業、工作機會，讓我們在經濟發展的同時，又可以給我們乾淨的能源，實現環境保護與永續發展，這不就是雙贏嗎？

問題是，政府為了發展光電，反而選擇犧牲生態，並且發電問題仍然沒有解決，只有少數人獲得暴利。這豈不是「雙輸」？

早在反核煉金術之前，民進黨上一次執政也曾上演類似情節，以改革之名行貪腐之實，只是這次變本加厲，讓黑金復辟。

陳水扁執政初期，就高喊「寧願失去政權，也要推動金融改革」的口號，在亞洲金融風暴後，大喊「二次金改」，當然引起了輿論的關注與支持。讓人沒想到的是，此次改革卻淪為扁家收賄工具，元大、國泰世華為銀行整併案，提供扁家數億元「政治獻金」，最終被法院判定為賄款，阿扁也鋃鐺入獄。

「二次金改」與「反核煉金術」如出一轍，「假借金改與反核之名，行掏空台灣之實」。都打著改革的名號，卻做出不符合公眾利益的事，有了資源分配的資格，卻只想著如何讓「綠友友」大小標案通吃，無往不利！

兩者不同的是上次二次金改，因為牽扯到的是中央政府與銀行，所以沒有黑道；但這次反核加上光電，牽扯眾多盤根錯節的地方勢力。這時候就需要黑道去擺平。所以比二次金改更嚴重的，就是這次有了黑道介入，嚴重破壞治安，危害法治。

　　這樣的雙輸，反而掩護了黑金，讓生態遭受破壞！

　　為什麼要反核呢？這些口號，不就是為了保護生態嗎？不就是為了我們的未來有更好的環境，至少不要更差吧？結果呢，我們卻更嚴重地犧牲生態。難道我們可以不顧一切，過原始的生活嗎？若有人一天都不用電，我會非常佩服他，但我們都不是呀！

　　民進黨不務實的能源政策，為了反核道德大旗，使用綠電來代替核電，即便政府非常積極推動能源轉型並加速綠電建置，但綠電設施的建置，仍遲遲跟不上喊出的綠電進度，因此蔡政府規劃使用天然氣，來撐過發電過渡期階段，未來 2025 年的能源配比更是要靠 50% 的天然氣發電，也因而要增加三接天然氣接收站的開發工程，這樣的工程勢必破壞珍貴的藻礁生態系，2013 年的蔡英文曾寫下「藻礁永存」，如今的我們卻看見三接工程大大的鋼筋矗立在珍貴的藻礁上，

能源開發已成為藻礁兩千年來最大的生態浩劫。

　　台灣，為了失敗的能源政策犧牲掉多少東西？黑金巨獸介入參與其中，伴隨著龐大利益輸送結構下，不僅對我們未來發展布局造成挑戰，也對於氣候變遷、缺電問題、經濟發展等多個方面帶來影響，這些問題形成緊密交織的網路，正在威脅我們的國家、社會、經濟等安全，確實有必要喚起大家的共同關注！

從全球永續發展，看台灣綠色衝突的今夕何夕

邱淑媞（陽明交通大學醫學院兼任教授、健康永續教育
基金會董事長、國際健康促進聯盟全球執委會委員）

今夕何夕，大地母親容顏怎會鋪滿鐵片？

　　這幾年投入鳥類攝影，回娘家就會沿台 61 線、台 17 線尋找鳥蹤。幾年前見到光電板開始佈建在黑琵棲息的布袋與七股濕地上，感到不可思議，內心懸念疑惑，沒想到，其後更迅速蔓延擴散！

　　原來，政府正以政策目標在催速推動，甚至，就連將軍濕地，都曾傳出可能鋪設光電板——這個濕地，擁有數種全球知名的保育鳥類在此度冬，包括被國際自然保護聯盟（IUCN）列為「嚴重瀕臨絕種」物種、全球剩不到 500 隻的琵嘴鷸，全球不到 1,500 隻、IUCN 列為「瀕臨絕種」等級、台灣列為一級（瀕臨絕種）保育類的諾氏鷸，以及大家熟知的黑面琵鷺（也是全球瀕臨絕種的保育類，而且有超過 60%族群在台灣度冬、台灣列為一級保育類）等，是全球舉足輕重的珍貴濕地！經過保育團體強烈反彈、焦急奔走，終於在 2020 年底撤銷其光電開發案。然而，七股、布袋乃至屏東、台東等地，仍有許多重

要濕地、農地、魚塭、林地受到侵襲或列入開發計畫，令人膽戰心驚！

這樣的事情，為什麼會發生在 21 世紀呢？生物多樣性在全球已成核心價值，台灣民眾也漸有保育認知，為什麼相關決策者一邊高呼加入聯合國、一邊竟把自己當作地球村的化外之民，根本不把全球公約放在眼裡呢？

生態系統不僅攸關動植物生長，更直接影響生活環境、糧食生產、人群健康及蓄水防洪等社區安全與國土韌性。因此，聯合國於 2015 年通過、刻正如火如荼推動的 2030 永續發展議程，將海洋資源與陸地生態系統／生物多樣性保護分別列為其 17 項永續發展目標中的第 14 與第 15 項。其中：

目標 15.1 指出各國應在 2020 年之前，依據國際協定所規定之義務，確保其陸地和內陸淡水生態系統及其服務之保護、恢復和可持續利用，特別是**森林、濕地、山麓和旱地**。

目標 15.5 要求各國在 2020 年之前就採取緊急重大行動來**減少自然棲息地的退化**，遏制生物多樣性的喪失，**保護受威脅物種，防止其滅絕**。

目標 15.9 則是在 2020 年之前，把生態系統和生物多樣性價值，納入國家和地方的規劃、發展進程、減貧戰略和會計中。

為什麼台灣竟在此時，將光電板砸向位居保育心臟的濕

地、森林，視之為低地利、無價值，對生物多樣性之價值猶如文盲般無知，而其傷害，又是如此的殘酷？

其實，早在 1971 年，鑒於濕地消失導致水鳥銳減，各國簽訂了《拉姆薩公約》（全名為《關於特別是作為水禽棲息地的國際重要濕地公約》，簡稱《國際濕地公約》），迅速擴展到 172 個締約國，以跨國行動，強化濕地及其動植物之保育，並由世界衛生組織共同出版了《健康濕地，健康人群》技術報告，確認前述生態系統服務功能對人群與社區健康之科學性和重要性。依照《拉姆薩公約》判定「國際重要濕地」的準則第 2 項——「該濕地維繫著近危的、瀕臨絕種的或嚴重瀕臨絕種的生物物種，或受到威脅的生物族群」，即屬「國際重要濕地」，因此，前述這些已經鋪設或即將鋪設光電板的濕地，都達到該標準。

我國政府怠忽職守，未依濕地保育法將其指定、列入，這並不改變其具備國際重要性的事實。候鳥跨國遷徙、全球嚴密監測都有紀錄，眾目睽睽，台灣能幻想對濕地的破壞、候鳥的影響，不被國際發現嗎？

自 1992 年起推動的聯合國《生物多樣性公約》，獲高達 196 個國家批准。2022 年締約國大會通過「昆明－蒙特婁全球生物多樣性框架」，除了 4 個長期目標，更明訂 23 個 2030 年之前的行動標的。例如：

標的 1 要求確保國土／空間規劃必須納入生物多樣性，使在生物多樣性具高度重要性的區域(例如前述濕地)，在 2030 前達到**近零損**！

標的 2 要復育及連結至少 30%遭破壞的生態系統。

標的 3 要保護至少 30%的陸地和海洋，尤其是保住對生物多樣性、生態系統功能及服務具高度重要性的區域。

標的 4 是對受威脅物種採取緊急管理行動。

標的 10 要求確保農漁森林土地的永續管理與友善措施。

以上都顯示保育物種棲息地在政策上之高度敏感性地位，以及土地利用須兼顧生態保育的國際通則。

標的 9 則鼓勵確保對野生物種的管理與可持續性利用，讓人們能從生態保育獲得社會、經濟與環境上的利益，尤其是原住民及在地社區。生態觀光就是很好的例子。

標的 15 則針對企業責任，要求透過立法、行政與政策措施，促使企業及金融界規律性的監測、評估及透明揭露其對生物多樣性之風險、依賴與衝擊，這包括其運營、供應和價值鏈及投資組合，且須提供訊息予消費者。

標的 18 要求消除不利生物多樣性的補貼，每年減少 5,000 億美元。

顯示全球正以經濟誘因與反誘因，具體引導各行業落實生態友善責任。在監測與揭露的義務下，任何產業（當然也包

括太陽能電廠），若對生態產生傷害，是難以遁形或持續運營的，而且，使用其所供應能源的企業，也將受波及。這是國際政策的現在進行式。台灣或許可以在能源生產上一時自我放縱，但在國際貿易上，終將面對國際遊戲規則的檢驗。

他山之石——迴避衝突，而非創造衝突

國際在再生能源的開發佈建上，比台灣更早，已經累積豐富的科學實證與經驗，也已建立規範。如果決策者稍加瞭解，並尊重專業文官的政策評估建議，不一意孤行，應能避免這些生態浩劫，也避免業者因投資在充滿爭議的土地上，所承擔的高度財務風險。

環境衝擊，尤其是對生物多樣性的衝擊，一直是全球再生能源發展過程被關注的焦點。再生能源宣稱自己是對環境較友善的能源，但事實上到底是不是？大家都審慎嚴謹在加以驗證，業者也不斷就自身環境相關的屬性在改善。

歐盟於 2020 年出版了《太陽、地熱與海洋能源對鳥類與棲地指令下保育棲地與物種之潛在衝擊－總結報告》，指出陸地太陽能電場的潛在衝擊包括：野生動物棲地的消失、破壞與破碎化，干擾及遷徙，撞擊，燒焦，微氣候改變，除草劑使用增加，錯誤吸引（例如將電板誤認為水）等負面衝擊；但透過增加地下水位、大規模植栽的規劃管理等，則亦可能創造棲

地，產生潛在的正面效應。

　　國際自然保護聯盟於 2021 年出版《緩解與光電及風電發展相關之生物多樣性衝擊—項目開發者指南》指出：雖然再生能源有助於達成能源相關的減碳目標，然而，「若無適當管理，其擴張將可能導致生物多樣性進一步喪失，並破壞我們所有人賴以生存的生態系統服務；例如，光電與風電發展可能涉及野生動物棲地的破壞或破碎化，其技術所需原料的開採亦可能帶有可觀的生物多樣性風險」。「過渡到能避免傷害自然且有利於保護自然的再生能源至關重要，但這只有在規劃和實施的每個階段能得到所有相關決策者的支持，才能實現。政府須確保其對大自然的風險能儘早被辨識並採取行動緩解之，例如保護處女地區不被開發。金融機構可以對貸款和投資附加類似的保護條件。能源公司應在所有項目的整個生命週期中避免、盡量減少、恢復以及抵消其對生物多樣性所造成的影響」。該指南依太陽能項目的生命週期，從設計期、施工期、營運期、終了期，提出對其相關衝擊之緩解措施，例如：在設計期，可透過審慎選址及改變基礎設施之配佈，避開敏感區域，以及對電力線進行路徑重建、標示、埋線，來避免動物撞擊及棲地阻隔破碎。在施工期與終了期皆要對遭破壞的棲地與生態進行復建。終了時間點的選擇，要注意避開敏感時期，例如繁殖季。

　　歐盟指出，太陽能項目與生物多樣性的交互作用有數個

面向，包括其系統性的環境問題（其總體供應鏈對降低溫室氣體排放的淨影響），發電及配送規模的環境容量問題，選址問題，項目設計問題（效率、效能表現、可靠度、可移除性、影響之可逆性等），以及營運期間的管理問題等。而明智選址可以讓相同項目產生迥然不同的結果。

歐洲太陽能連線（SolarPower Europe）是一個連結政策制定者與光電價值鏈的民間協會，致力於政策分析與對話，以促進太陽能成為歐洲的領先能源。其 2022 年與野鳥保育組織共同出版《太陽能、生物多樣性、土地使用—最佳實踐指南》，對於找出合適的太陽能用地，建議優先考慮生物多樣性低的一些人工土地、人工表面，例如在道路與鐵軌系統沿線、停車場、其他封閉式的區域，但某些廢棄的人工土地仍可能須進行篩選、評估是否已有野生動物聚集棲息，並應透過空間規劃和分區計劃來定位出適合部署太陽能光電板的工業區域，且這些資訊應提供給所有關係人。該指南就濕地之建議是：天然濕地是最寶貴的生態系統，任何開發，包括太陽能光電板，都應加以避免。就森林之建議是：天然森林是寶貴的生態系統，應避免鋪設太陽能光電板。仁者共生、智者共贏。歐洲太陽能連線從光電業者角度，提出了負責任的自保與共贏之道。

對照我國政府以政策引導綠電業者在大量自然土地上興設光電板，是何其愚蠢、何其不必要的自殺行為！台灣的問題是

地狹人稠、過度開發，因此所剩的濕地、森林、農地、魚塭，彌足珍貴，就算不考慮對保育動物的衝擊，這些土地的環境容量有限，也難以承載大量光電板。更重要的是，若依歐洲太陽能連線所建議的以道路、停車場等作為優先位址，則在台灣反而是非常多！但這些土地多為公有，必須由行政院高層召集相關部門進行清點、協商，透過公私協力，才能提供給業者，進行對生態、土地、糧食與民生衝擊最小的佈建。

綠色衝突在台灣：綠電為何是血電？

在台灣，同屬永續發展環境面向的綠能（太陽能）與生物多樣性保護，發生直球對衝，被憂心人士稱為綠色衝突。其原因，與政治及商業利益之間的糾葛難脫干係，並凸顯了治理的失能失序──決策者欠缺認知、沒有負責任的規劃及領導，明知目標不合理卻仍執意為之，一味暴衝。而深究其傷害，則不只是表象的環境目標間的衝突與生態危機而已，還涉及對永續發展的社會面向與經濟面向之傷害，各面向間環環相扣，骨牌效應一個推倒一個，形成殘酷的惡性循環。欠缺規範之下，新興能源工業湧入土地最廉價的弱勢社區，傷及偏鄉農漁工之就業、社區風貌、生活品質與安全，進而傷害人群健康與社區發展。七股人衝上台北，悲情喊出「滅鄉」的沉痛怒吼，但，吹冷氣的朱門，哪裡有感？階級落差、弱肉強食，真實在民主台

灣上演。

　　表一說明在綠色衝突下所產生的惡性循環，並提出如何透過永續發展目標的相關行動，實現良性循環。

表一、永續發展、綠色衝突與綠色和諧

問題面向	綠色衝突的惡性循環	綠色和諧的良性循環	對應之永續發展目標
課題	能源危機： 在全球氣候行動與 ESG 投資壓力下，需要綠色能源；在 2025 非核家園目標下，拋棄核電，加重再生能源急迫性。	務實適用的能源解方： 認知到全球壓力下，不能輕言廢核，且任何能源政策，皆必須相容於其他永續發展目標，才能為國際所認可。	目標 7 務實適用的乾淨能源
政治	治理失序，將具國際重要性之珍貴濕地、影響糧食安全之農地、漁地，以及天然森林，視為低地利，引入光電。	良善治理，配合國際公約，建立光電選址規範，優先設於低生態衝擊之建築物或已開發之地表；重要濕地與森林禁設光電；改善偏鄉基礎設施，發展農漁科技及生態或文化觀光。	目標 16 和平、正義與當責治理 目標 17 全球夥伴關係

經濟／商業	高剝奪社區，經濟條件不佳，人口外流，土地價格低廉，業者相中廉價土地，買斷或租賃，將利潤最大化。 社區既有微弱之經濟條件進一步受衝擊。	各適其所的經濟規劃： 光電朝向台灣數量甚多的屋頂、停車場、公有建築物、道路鋪設，且嘉惠場地使用者或所有人；政府挹注偏鄉觀光，加強特色行銷與人才培訓，搭配文創產業、農漁產品，創造適當利潤與人流。	目標 12 可持續的生產與消費模式 目標 8 相容的經濟成長與有尊嚴的工作 目標 9 具可持續性的產業創新和韌性基礎設施
社會	社區原本剩農漁工、老人、少量商家；地主與光電業者獲利，但藍領農漁工失業、外流，進而波及餐飲、民生等商家，產生續發性失業與外流，留下長者生活在連基礎生活資源都掏空的社區。	偏鄉經濟活動與工作機會帶動人才回流；服務業與農漁業勞工安居樂業，而光電業能嘉惠場地使用者，亦受歡迎，更能可持續運轉。	目標 1 無貧窮 目標 8 相容的經濟成長與有尊嚴的工作 目標 10 消弭不平等

	濕地變旱地，棲地遭破壞，危及生物多樣性與糧食生產。 社區風貌破壞，熱島效應影響生活品質，波及僅存的觀光人流。 社區氣候韌性弱化，長者成為極端氣候下最無依的受害者。	保住棲地與生物多樣性，成為生活與生計資源。 社區景觀與生活品質獲得維護。 生態系統服務功能促進氣候韌性之強化，減緩極端氣候衝擊。	目標 11 韌性城市和社區 目標 13 氣候行動 目標 14 保護海洋資源 目標 15 保護陸地生態系統與生物多樣性
環境			
後果	偏鄉凋零、近乎滅村；失業勞工身心社會健康受創。 農漁產量降低，價格上揚，外溢衝擊到其他社區社經弱勢族群，造成營養失衡。 光電遭人民反彈。 業者間不公平競爭。	偏鄉環境保存、經濟改善、跨代安居樂業。 教育與醫療資源進而獲改善。 全民維持糧食安全。 光電業獲得人民信任，穩健發展，良性競爭，持續精進研發與效能。	目標 2 零飢餓與糧食安全 目標 3 良好健康與福祉

反省與前瞻

　　台灣雖無緣加入聯合國《拉姆薩公約》與《生物多樣性公約》，但學界、民間、政府，不乏有心人士在長期關注生態領

域。可惜，政治與商業利益掛帥，民間力量難以回天。《濕地保育法》遲至 2015 年才上路，已比國際晚四十年！更遺憾的是，即使終於上路了，多年下來仍未依照國際定義，切實完整指定各地重要濕地，使得保護效力根本未有效發揮！

先天高風險的地理條件、後天人為過度開發，已使台灣面對極端氣候威脅時相當脆弱；近年光電板在敏感地帶的蔓延，更對國土、生態與地方創生形成難以回復的浩劫。

然而，逆轉骨牌的解方並不遙遠，只是，解鈴還須繫鈴人，執政當局應：

1. 體認國際潮流，回歸正途，參採其他國家之經驗與建議，完備相關規範。
2. 重新檢討總體能源配置方案與更合理漸進的發展時程。
3. 對於已經發生的環境破壞與衝擊，應盡速嘗試復原、重建。
4. 對於失業人口應強化就業協助。
5. 加緊投入偏鄉基礎建設與生態觀光之推進。

從惡性循環到良性循環，需要的，只是一個有良心的治理！

第五章

核能：從「非核家園」到「零碳家園」

現在該是停下來的時候了，
脫離浩蕩的群眾大隊，
冷靜地深思熟慮，
重新檢視客觀的事實，
一起面對真正威脅人類文明存亡的氣候危機。

01 2℃的末日警鐘

2023 年 5 月初，依據聯合國估算，印度超越中國，成為世界人口最多的國家，高達 14 億 2,577 萬人。中印兩國人口超過世界三分之一。5 月 6 日，英國王儲查爾斯三世和卡蜜拉走進西敏寺接受加冕，成為新任英國國王和王后。同樣是 5 月，中國同意將俄屬港口海參崴作為國內貿易中轉口岸，也就是說東北貨物經過俄國領土海參崴，不必經過進出口的麻煩程序。海參崴是俄羅斯太平洋艦隊的基地，也是《璦琿條約》割讓給沙俄的中國故地。

5、6 月全球經歷了許多重大事件，世界局勢瞬息萬變，但最令我印象深刻的消息是，根據 2023 年斯托蒙特統計報告（Stormont report），2022 年是英國有紀錄以來最熱的一年，年均溫為攝氏 10.03 度，創下首次超過攝氏 10 度的紀錄。全球氣溫不斷地上升，趨勢也不斷加速！2022 年 11 月世界氣象組織（World Meteorological Organization）報告指出，19 世紀末以來，全球溫度已經升高超過攝氏 1.1 度，其中大約一半的增幅發生在近三十年。短短半年後，2023 年夏季，歐盟氣候監測機構也對此發出警示，對北美、歐洲、亞

洲和其他地區持續數週的酷暑，使 2023 年的 7 月可能成為地球有紀錄以來最熱的一個月，成為這個全球氣溫異常之年的最新里程碑，這意味著全球氣溫比 19 世紀下半升高了攝氏 1.2 度。導致氣溫不斷升高的元兇，就是因為使用化石燃料的碳排放，導致地表的熱量積聚，而自工業革命以來，人類已經向大氣中排放了 1.6 萬億噸的二氧化碳。

19 世紀初工業革命以來，人類大量燃燒化石燃料，包括煤、石油和天然氣。燃燒化石燃料會釋放溫室氣體，主要是二氧化碳，這些氣體將熱能困在大氣當中，導致地球溫度升高。今天碳排量比過去八十萬年任何時刻都高出許多。大氣中的二氧化碳增加了 50％以上。因此，兩極和各地高山的冰川、冰蓋迅速融化，導致海平面上升、北極圈的浮冰大量減少，此外，持續的乾旱，導致非洲東部有 2,000 萬人面臨飢餓的威脅。

2021 年初，南極結實又巨大的「布倫特冰架」傳出巨大的轟鳴聲，表面的冰層開始崩裂，與冰架完全分離，直到落入海面，海平面上激起水花波濤洶湧，景象無比壯觀。科學家估計這座漂流的冰山總面積約 1,270 平方公里，相當於 4.6 個台北市的大小，這一消息震驚世界。南極冰架加速分崩離

析，恐怕引發地球生態嚴重危機。首當其衝的，就是企鵝賴以生存的冰架融化。美國魚類及野生動物管理局（FWS）估計，到 2050 年，全球皇帝企鵝的數量可能會減少 26%～47%。這消息促使他們在 2022 年 10 月 25 日宣布將皇帝企鵝（Emperor penguins）列為瀕危物種；南極研究科學委員會（SCAR）的研究報告也指出，以目前的二氧化碳排放量，在最糟糕的情況下，到本世紀末，皇帝企鵝將失去幾乎全部的棲地，數量也將減少 99%，在遙遠的南方，企鵝的生存受到巨大威脅，已陷入危急存亡之際。

隨著地球氣溫不斷升高，我們如果再不對零碳排有積極作為，或許在不久的將來，我們就要和企鵝、北極熊、無尾熊、仙人掌等瀕臨滅絕的生物說拜拜了！而人類的生存，也將危在旦夕。

2015 年聯合國簽署《巴黎協定》，希望把全球平均氣溫升幅控制在工業革命前水準以上低於攝氏 2 度之內，並努力將氣溫升幅限制在工業化前水準以上攝氏 1.5 度之內，因為只要在攝氏 1.5 度內，就可以大大減少氣候變遷的風險和影響。根據聯合國政府間氣候變遷專門委員會（IPCC）2021 年的報告：當全球平均溫度上升攝氏 1.5 度，極端天氣事件

發生的頻率將會增加；上升攝氏 2 度，頻率至少增加 1 倍。
在全球升溫攝氏 1.5 度的情況下，目前十年一遇的熱浪機率
可能增為 4 倍；全球升溫攝氏 2 度，則可能增為近 6 倍；
在升溫攝氏 1.5 度的世界，容易發生旱災的地區面臨旱期的
可能性增為 2 倍；當暖化達攝氏 1.5 度時，極端降雨、降雪
和其他降水事件的強度將加劇 10%，機率則增為 1.5 倍；若
控制在升溫攝氏 2 度內，海平面將在本世紀裡上升約 0.5 公
尺，到 2300 年前還會持續上升至近 2 公尺，假如溫度上升
至攝氏 3 度，冰川融化和海水溫度將升高，沿海地區海平面
嚴重上升，連邁阿密、上海和孟加拉等城市都可能被海水淹
沒。

　　極端氣候使我們及家園面臨生存威脅，但我們已經無法
阻止溫度上升，只能減緩其速度，破紀錄的熱浪、乾旱、極
端降雨、風暴等極端天氣事件，將更頻繁地闖入我們的生
活。

　　全球暖化，海平面上升，我們位於西南太平洋的友邦吐
瓦魯，在本世紀末之前將「滅頂」，成為世界上第一個「沉
沒」的國家。在吐瓦魯唯一設有大使館的國家就是我們中華
民國，2010 年吐瓦魯來台灣出席第二屆亞太綠人大會，大聲

疾呼全球應將溫度上升控制在攝氏 1.5 度以內，否則吐瓦魯的末日將到來。我當時也在會場，對葉雷米亞總理慷慨激昂的動人演說，留下深刻的印象。

而在 2021 年的 COP26 格拉斯哥氣候大會上，吐瓦魯外長全程站在水深及膝的海中向全球喊話「海水已經淹到家門口了」，這一幕更是震撼全球！吐瓦魯外長在這一段預錄的影音中沉痛宣布，吐瓦魯在本世紀末整個國家沉入海中前，將進入元宇宙成為第一個數位化的雲端國家，以保存吐瓦魯的歷史、文化及地標。

台灣同樣是位於太平洋中的海島，相較於全球性的氣溫升高，增溫趨勢更為明顯。根據中央氣象局近期發布《台灣百年氣候變化統計報告》表明，台灣近百年均溫為攝氏 22.98 度，但是 2000 年時，年均溫已達攝氏 23.81 度，高於百年平均溫度攝氏 0.8 度。台灣開始發生了多次極端氣候事件，其中包括 2000 年的八掌溪事件、2004 年的敏督利颱風，以及 2009 年的小林村滅村。然而，天氣愈來愈熱，近十年的年均溫，已七年排入史上前十高溫名次。2020 年時，台灣年均溫達到攝氏 24.56 度，不僅是史上新高，更高於百年平均 1.58 度，氣溫上升速度比全球快，已經達到臨界點。

2021 年英國蘇格蘭格拉斯哥舉行的聯合國氣候大會上，美國前總統歐巴馬上台發言，表示氣候變化問題上「缺乏緊迫感，已到了危險地步」，若要避免未來發生氣候災難，世界目前的努力「遠不及我們所需」，並在演說最後將希望寄予年輕人，呼籲天下所有的年輕人在氣候變化之下應該「保持憤怒」，並表示「我想要你們保持沮喪，但要給這憤怒找個宣洩口，駕馭這種挫敗感，不斷努力推進，因為要迎接挑戰就得靠這些。束縛自己，你要跑的是馬拉松，不是短跑衝刺。」演說結束後，全場起立致敬。

　　自 2018 年開始，一位患有亞斯伯格症候群的傳奇少女，年僅 15 歲的格蕾塔・桑伯格（Greta Thunberg）每週五都會在瑞典議會前舉行「學校為氣候罷課」的行動，這個行動引發了一場全球重大環保運動。她的「星期五為未來」運動透過社群媒體迅速傳開，吸引了全世界 180 多個國家高達數百萬年輕人共同參與。為了繼續為全球氣候變暖問題爭取更多支持，2019 年她全年休學，除了參加世界各地的學生抗議活動，也參加重要的國際氣候會議，甚至在前往紐約參加聯合國氣候會議發言時，她搭乘一艘賽艇橫渡大西洋，只為了降低飛機對環境的影響。

如今，現年滿 20 歲的格蕾塔距離第一次示威的五年後，仍繼續為了氣候變遷問題在瑞典議會前抗議，她並不打算放棄，堅持為氣候而奮鬥與努力，並表示「戰鬥才剛剛開始」。

　　在氣候變遷的情況下，很多地方早已寸草不生，甚至連沙漠中的仙人掌都會枯死、滅絕，這些都將影響著我們的下一代。現在我們必須清楚知道，是我們需要地球，不是地球需要我們，人類若對自然環境依舊予取予求，無休無止地破壞生物們賴以為生的資源，反噬的終將是自己！

02 淨零轉型會不會是一場騙局

　　2022 年 3 月 30 日國發會終於發布了「台灣 2050 淨零排放路徑藍圖」，但各界普遍認為腳步太慢，而且恐怕會淪為口號，這是為什麼呢？

　　「台灣 2050 淨零排放路徑藍圖」公布後，也同步提出 2030 年的減碳目標，由原先《溫室氣體減量及管理法》設定的相較於 2005 年減量 20%，上修至 24% 加減 1%。

　　但是跟我們的鄰近國家相比，日本的減碳目標是 2030 年較 2013 年將減量 46 至 50%、南韓的減碳目標則是 2030 年較 2018 年將減量 40%。相比之下，台灣的減碳目標可以說是看不到其他國家的車尾燈，和歐盟 2030 年減碳 55% 的目標相比，更是難以望其項背。如果國發會想要維持目前的規劃，那麼在「國際淨零排放競賽」中，台灣只會遠遠被甩在後面。

　　我們連短期的 2030 減碳目標都跟不上鄰國了，更何況還要大談 2050 淨零碳排！

　　根據國際能源署（IEA）「全球能源部門實現 2050 年淨零碳排路徑」指引，再生能源占 88%、核能 8%、水力

2％、燃煤（CCS）1％、燃氣（CCS）1％，其中 CCS 是代表燃煤和燃氣都搭配碳捕捉與封存技術處理。

但是 2022 年，台灣再生能源卻只占了整體的發電量 8.3％，核電 8.2％，水力 1％，火力 82.4％，其中燃煤42.1％，燃氣 38.8％。先看看理想中的再生能源占比，再看看我們現在的再生能源占比，這樣要我們怎麼相信，台灣可以在 2050 年做到淨零？

況且在 2025 年的時候，台灣還要跟核能說拜拜呢！到了那時，發電比將會調整為再生能源 20％、天然氣 50％及燃煤 30％的能源，這麼看來，想在二十五年後的 2050 年達到淨零碳排，也難怪此政策會被工商團體毫不留情地說是：「做不到的天方夜譚！」

若要達成零碳目標，當務之急就是要汰換化石能源，而碳排污染來源的最大宗分別是「發電」和「交通」。這也是世界各國需要綠電的原因，減少最大的污染來源才是有效減碳的方法。

2016 年蔡英文執政後，就迫不急待地將非核家園加上期限，改成 2025 非核家園。隨著 2017 年 1 月 11 日《電業法》修法通過，「2025 非核家園」條款也隨之入法，預計

2025 年前核電廠將全面停止運轉；並通過條文明定保障綠能，鼓勵再生能源發電，政府也開始大力推動綠能。然而，此能源政策從 2022 年即開始跳票。

2022 年 1 月 3 日，立法院預算中心指出綠能在 2025 年發電占比僅會達到 15.2%，綠能占發電二成的目標將跳票。對此經濟部長王美花回應表示，是因為台灣整體經濟比 2016 年預估的還要好，用電量大幅增加，「分母變大，分子不變」，造成綠電占比未達二成目標。

2023 年 6 月 21 日，在經濟部公布的《最新全國電力資源供需報告》中，也顯示再生能源建置進度較預期延後，原先預估 2025 年綠電占比要達 20%，最新調整為 15.5%，至少必須等到 2026 年 10 月，再生能源的占比才能真正達到 20% 的目標。

這可真是有點尷尬，就好像是你發下豪語要考 100 分，結果考個 40 分出來，還為自己找藉口說是因為沒有念到這個考題。

除了經濟部自己承認能源政策跳票以外，我們的減碳目標也是遲遲跟不上。

我們的生活缺少不了交通工具，但是大部分的汽機車都

需要燃油，一旦需要加油，便會不斷地增加碳排放量，雖然交通工具給了我們無比的便利性，但這些碳排對於環境的傷害也是不可恢復的，因此許多國家意識到交通對於環境的傷害，也開始減少生產燃油車，改生產沒有碳排的電動車，以實踐零碳願景。

像是英國「淨零碳排」政策中就有提到：2030 年禁售汽、柴油車，2035 年達成「無碳發電」；挪威與荷蘭更是提早五年，從 2025 年禁售燃油車，瑞典、愛爾蘭、冰島與丹麥也都宣布從 2030 年起禁售燃油車；德國則是會在 2030 年全面禁售內燃機汽車，實現汽車的全面零排放。

身為世界人口排名第二的中國，也發布了《中國傳統燃油車退出時間表研究》指出：研判大陸有望在 2050 年前，實現傳統燃油車的全面退出，一級城市的私家車將在 2030年先達到全面新能源化。

然而，台灣又是如何呢？2023 年已經到來，《台灣2050 淨零排放路徑及策略總說明》中寫明：2030 年的市區公車及公務車將全面電動化，達到電動車市售比 30%，電動機車市售比 35% 的目標，但是否能按計畫落實？而更具挑戰性的 2035 年，電動車市售比提升至 60%、電動機車 70% 的

目標，又是否真的能夠如期達成？更重要的是，2040 年時，電動車與電動機車市售比都要達到 100％，看似遙遠的目標是否能夠實現？

從 2016 年 5 月開始到 2022 年 1 月，僅經過短短不到五年半時間，我們光是從數據上就已經目睹蔡政府在能源計畫上的失策與延誤。當蔡英文總統再度提及要在 2050 年實現零碳排放的目標時，我們是否能毫無保留地相信她所說的話？

這些目標雖然雄心勃勃，卻也令人不免產生疑慮。以現實角度來看，距離這些目標實現還有多少時間？在全球加速邁向淨零碳排的潮流中，台灣的進度似乎仍然遠遠落後其他國家近十年之久。

03 淨零轉型卻保留 20%的火力發電？

　　根據國發會淨零碳排路徑，台灣規劃 2050 淨零排放，初步總電力占比 60～70％之再生能源，並搭 9～12％氫能，加上顧及能源安全下使用搭配碳捕捉之火力發電 20～27％，以達成整體電力供應的去碳化。

　　然而，在實現這一目標之前，再生能源進度已經跳票。蔡英文政府要怎麼讓人相信再生能源可以達成 60～70％？甚至還將台灣才剛要起步的氫能納入淨零碳排路徑裡，雖然國際上有些國家，如韓國、日本和澳洲已經積極發展氫能，但台灣預計 2023 年底才啟動混氫測試，民進黨執政八年都對氫能不理不睬，直到最後半年才象徵性地啟動發展，擺明了只是在充數而已，實在無法讓人相信民進黨推動淨零轉型的誠意和決心。

　　更令人感到擔憂的是，台灣到 2050 年搭配碳捕捉的火力發電占比，竟然還有 20～27％，比例是否高得不可思議？《2050 年淨零轉型長期戰略（現在～2050）》中提到：「透過燃氣機組搭配碳捕捉再利用及封存（Carbon Capture, Utilization and Storage, CCUS）及導入氫能發電，來建構零

碳電力系統。」但碳捕捉這項新技術（carbon capture）是一套用來減少二氧化碳排放量的方法，可能是從碳排放源頭著手，也可能是事後從大氣中移除，整體而言，碳捕捉在投資市場中充滿了不確定性，而碳捕捉所面臨的不只技術不純熟，還有成本高昂的問題。所以，我們不去發展其他的能源技術，只將希望寄託在碳捕捉上可行嗎？

火力發電在 2050 年仍然占到 20%，所謂 CCUS 是指 CO_2 的捕捉、利用、封存，而不是消滅或退役。這其中有什麼差別？二氧化碳被捕捉、利用、封存，但不包括其他空氣污染物。台電、中油此前只有研究碳捕捉，對於大規模封存還沒有經驗。他們正規劃試驗場進行鑽井、建立設施及環境監測。中油規劃在舊油氣田上方鹽水層進行碳封存，每年封存量是 10 萬噸。台電則規劃封存 2,000 噸。

你用化學溶液吸收法捕捉燃煤、燃氣發電機組的排氣，大空的排氣是減少了，但被灌注在地底。學過地球科學的人都知道，地球包括大氣科學、陸地海洋，以及地理地質三個層次。封存技術是有了，但是地質、水圈、岩石圈、大氣圈、生物圈的知識夠嗎？

本書一開始我就提過，知識的缺乏使得我們對於環境不

斷造成危害，有時這些危害是不可逆的。當我們將捕捉的二氧化碳灌注到地底，我們的知識夠不夠讓我們監測出其危害性？會不會造成某種生物的滅絕？會不會造成某種土壤或地底的污染？會不會造成地層的危險？會不會對我們的水資源產生污染？當人們將捕捉下來的碳灌入底層，你怎麼知道它不會又悄悄洩露到大氣中？

碳捕捉造成的騙局有長久的歷史，讀者在網上查一下輕易就出來了。直至 2020 年底，美國已有 80%的 CCUS 計畫宣告失敗。我們又怎麼那麼有信心能成功？

政府的決策，有時如同藍天中的海市蜃樓，讓人產生疑問與迷惘。碳捕捉，或許是一個值得追求的目標，但在複雜的現實面前，是否真的能夠成為解答，卻仍然是個未知的謎題。

04 要命的 PM2.5

　　台灣的天空，曾經是湛藍的，如今卻被一層灰霾籠罩，彷彿是命運的玩笑。PM2.5，這個看似平淡無奇的名詞，卻在這塊土地上留下痛苦的種子。

　　PM2.5，它們像是一場無聲的侵略，悄悄地融入了我們的生活，當呼吸變得沉重，喉嚨總是略帶灼熱，我們才懂得，原來這些細微的微粒竟如隱形的魔鬼，正在侵襲著我們的身心。

　　隨著科技的進步，我們終於看見了這些隱藏在空氣中的微粒。

　　懸浮微粒（Particulate Matter）指的是什麼？

　　漂浮在空氣中類似灰塵的粒狀物稱之為懸浮微粒。懸浮微粒粒徑大小有別，≦2.5 微米（μm）的懸浮微粒，稱為細懸浮微粒（PM2.5），單位為微克／立方公尺（μg/m3）。PM2.5 直徑不到髮絲粗細的 1／28，非常微細可穿透肺部氣泡，並直接進入血管中隨著血液循環全身，故對人體及生態所造成之影響是不容忽視的。

　　PM2.5 對台灣的污染終於讓人們覺醒，開始認識到這些

微小粒子所帶來的巨大威脅，一波又一波反空污的聲浪如潮水般湧現。民眾的聲音在風中迴盪，警鐘也在社會的角落響起，2018 年底的九合一大選中，共有十項公投案一起通過，這是自 2004 年以來，台灣首次在全國性選舉中同時投票通過這麼多公投案。

這十項公投案涵蓋眾多當前社會議題，有一些關乎生態環境、人民健康和經濟發展，特別引人注目的是能源議題。在兩項能源相關公投案之中的「反空污公投」讓中部縣市居民特別有感。

2017 年，《天下雜誌》以標題：「肺癌發生率愈來愈高 電廠下風處的彰化居民：給我乾淨空氣！」提到了當時的情況，從國民健康署的統計中可以看出，2004 年到 2014 年，除了 2005 年和全國平均相同，彰化的肺癌發生率年年都高於全國平均。以 2014 年來說，全國每 10 萬人肺癌標準化發生率是 35.1，彰化卻高達 40.3。

當然空污問題不止在彰化，甚至在桃園、台中及雲林海線，而反空污的呼聲不僅僅是一種宏大的抗議，更揭示出原來反空污比反核更重要！因為我們的生存，正在面臨一個巨大的危機。

當空氣品質變得令人擔憂時，很自然地，我們就會聯想到燃煤電廠是主要的污染源。但是 2018 年擔任行政院長的賴清德卻不這樣認為，當時為了深澳電廠護航，甚至說出「深澳電廠使用的是乾淨的煤」，屢屢搬出深澳燃煤電廠是最低污染的電廠！但這是否與我們的實際觀察相符？

難不成是我們誤會了？其實燃煤的角色，是可以被形容為「乾淨的煤」？乾淨的煤當然不是把煤拿到河邊洗乾淨，就會變成乾淨的煤。這世上並沒有乾淨的煤，因為所有火力發電都會污染，都是「不乾淨」的。

所謂乾淨的煤，其實是賴清德當行政院長時，一知半解下失真的翻譯，才鬧了這麼大的笑話。英文原文是 clean caol，並非指世上有「乾淨的煤」，而是在談如何潔淨煤所造成污染的技術，例如：碳捕捉與封存、超超臨界；但這些淨煤技術至今仍在研發階段，何時才能商轉仍遙遙無期。

因此，想要乾淨的能源，當務之急就是全面淘汰燃煤電廠，這早已是國際間的共識。英國是全球第一個承諾停止使用煤炭的國家，目標是 2025 年。沒錯，同樣是 2025 年，但英國的目標不是非核，而是非煤！英國並在 2017 年與加拿大共同領軍，成立「脫煤者聯盟」，邀集各國政府及企業共

同承諾，加速停止燃煤發電。時至今日，已有超過 165 個會員。科學家估計，燃煤發電必須在 2030 年以前，較 2010 年的水準下降約 80%，才能把暖化限制在攝氏 1.5 度以內的目標。因此，聯合國祕書長在 2021 年曾大聲呼籲，多數為高收入國家的經濟合作發展組織（OECD）37 個成員國，應該承諾在 2030 年前停止使用燃煤發電，而其他國家應該要在 2040 年前達成這個目標。

燃煤除了會排放大量的二氧化碳，持續加劇氣候變遷，還會產生懸浮微粒（PM10）、細懸浮微粒（PM2.5）、氮氧化物（NOx）、硫氧化物（SOx）、臭氧（O3）、重金屬等污染，會對人體健康帶來嚴重的威脅。因此，各國政府紛紛開始積極採取相關措施，降低對煤炭的依賴，反觀台灣為了非核，2025 年火力發電的占比竟然高達八成，其中燃煤占了三成，完全與國際減碳的努力背道而馳。而且 2050 年根據《英國石油世界能源統計年鑑》（*BP Statistical Review of World Energy*），全球煤炭產量正在下滑，2016 年的減幅最大，創下歷史紀錄，不僅如此，全球煤炭的消費量也呈現下降的趨勢。反觀台灣，目前仍然高度依賴煤炭，燃煤發電占整體電力結構 45.4%，而近年對煤炭的需求量甚至與國際趨勢相

反，不降反增。

　　台電從來都不肯承認自己是空污大戶，經濟部也是助紂為虐，老是為政黨政策背書。2015 年經濟部在臉書貼出一張「PM2.5 從哪來」的圖片，說明 PM2.5 排放前三名是「地表揚塵、公路運輸、農業活動，工業占 9.6％、電力只占 4％」。

　　後來台電不知是稍微有點良心、還是基於社會壓力，終

光電發展已經給台灣農漁業帶來巨大的陰影。圖為台南七股附近魚塭籠罩在快速移動的烏雲下。（圖片提供：余暉）

於承認電力業在 PM2.5 貢獻度最高達到 9.9%，將近一成。這是什麼概念？我們換算，把二行程機車加起來的 PM2.5 也不過達到 2%，就別說擁有好幾座火力發電廠的污染有多高。

換句話說，台電就是台灣固定空氣污染的最大源頭。作為一個公營事業，減量是台電無可迴避的責任。它本應聽從政府和國會的指導，但我們這兩個單位卻眼睜睜看著台電走向與世界相反的路線，豈不讓人痛心。

05 廢核與空污之間

　　依據台電數據，2022 年台中市用電量 345.9 億度，台中電廠發電量則是 276.1 億度，說明此刻台中火力發電廠的電力還不能滿足自己的電力需求。火力發電不能除役，是因為將嚴重影響台中市 280 萬人口，以及台中科學園區的民生與產業用電。火力發電是碳排量最高的一種發電模式，這與淨零轉型不是相違背嗎？

　　經濟部解釋，台中火力發電廠的轉型策略是「增氣減媒」，將於 2025 年及 2026 年各上線 1 部燃氣機組，取代現有的 4 部燃煤機組，將「10 部燃煤」改為「2 氣 6 煤」的運轉模式，合計將達到 590 萬瓩裝置容量。其中 330 萬瓩的燃煤機組就必須要有新的燃氣機組來替代，同時要建置足夠的天然氣輸儲設施，方能確保中部地區的用電需求。

　　為此，中油公司在台中港液化天然氣廠增設兩座巨型天然氣槽，兩座儲存槽將於 2026 年的年底完工。但別忘了，燃氣也是碳排放主要來源之一。

　　2021 年立法院通過台中火力發電廠決議，10 部燃煤機組要在 2035 年全部除役，此期間要加速推動台中電廠燃氣

機組替換，以及天然氣接收站計畫。然而，燃氣的發電成本每度接近 4 元，燃煤 4.3 元，空污排放 PM（懸浮微粒），燃氣比燃煤低 48 倍，碳排放量燃氣比燃煤少了一半左右，注意，是少了一半，不是零排放。可見，民進黨政府對非核家園的重視，壓過世界趨勢的零碳排。

燃煤和燃氣都是碳排放的主要來源，是促成全球暖化的源頭。也就是說，在民進黨的政策下，從 2023 年算起，台中、彰化居民至少還要忍受十二年的空氣污染。

中興大學環工系教授莊秉潔與研究團隊的一項以 PM2.5（細懸浮微粒）與人體健康風險為主的科研，推算台中火力發電廠年排放的 PM2.5 平均濃度真的會使人們壽命減少。現在台中火力發電廠已經不是全世界最大的電廠，但仍然是全球第二大火力電廠。燃煤電廠是製造 PM2.5 最多的污染源。研究團隊鎖定 TCP 歷史數據，發現光是 1997 年就排放 864 公噸 PM2.5、一共 93,000 多公噸硫氧化物，PM2.5 年平均增加濃度 5.23 微克，換算天數，當初污染可讓全台 2,300 萬人的平均壽命下降約 115 天。

位在台中龍井的台中火力發電廠，供應全台電力的 19％，是美國研究組織 CARMA（Carbon Monitoring for

Action）列名，全界二氧化碳排放量最大的電廠。

受台中的火力發電廠危害最深的，不是台中，而是處於發電廠下風處的彰化。空污之濁，燃煤之臭，健康之害，彰化人深受其害。如果風力發電、光電、天然氣趕不上 2025 年的能源轉型目標，為了彌補供電缺口，燃煤、燃油電廠將成為出手救援的主力。這就是為什麼台電公司表示，未來即使燃氣取代燃煤機組，燃煤機組也不會除役，因為要「以備不時之需」。

「以氣換煤」是條正確的道路嗎？蔡政府一直強調燃氣發電形成二氧化碳的碳排量只有燃煤的一半，但卻忽視了燃氣產生的甲烷排放是燃煤的好幾倍。且天然氣價格十分昂貴，光是 2022 年台灣的天然氣進口金額就已經高達 5,951 億，都可以興建近兩座的核四發電廠了，發電成本愈來愈沉重，電價也愈來愈貴。

台灣完全倚賴天然氣會面臨的不僅有能源安全問題，還涉及國安問題。

經濟部聲稱台灣的天然氣儲存量有 11 天，超過法定存量的 7 天，但是台灣目前的能源自給率非常低，不到 2%，大部分能源都需要透過進口來維持，只要有任何供應鏈發生

問題，或者兩岸發生衝突，台灣海峽被封鎖時，都極可能導致天然氣供應短缺。

為了應對不斷增長的用電需求，蔡政府提出天然氣供電方案，也就是大家熟知的「三接外推方案」和「四接開發計畫」。

但是這些計畫卻引發了許多問題，三接工程在 2015 年所規劃的涵蓋範圍，覆蓋桃園大潭藻礁 232 公頃的藻礁面積，與外推造成的突堤效應，都將導致藻礁區域泥沙淤積嚴重，千年藻礁恐怕就此消失。

而基隆外木山的「四接開發計畫」選址又太靠近保護區，若開始動工，將對豐富的珊瑚生態造成損害。2020 年，時任基隆市長林右昌卻不顧爭議同意開發。兩年後，謝國樑當選基隆市長，才在重新檢視開發計畫後，宣布廢止並要求重新送審新方案。但環評卻跳過地方政府的許可，試圖強行闖關，粗暴鴨霸的行徑也造成環團與居民的不滿。因為，若真像林右昌那樣貿然同意開發，迎來的將會是繼三接藻礁破壞以後，另一個我們不願意看到的毀滅生態事件。

蔡政府為 2025 非核家園政策，強推天然氣發電占比高達 50%，又為了天然氣接收站計畫，大舉進攻台灣海岸，一

錯再錯的能源政策，造成了珍貴海岸生態毀壞，讓人感到痛心疾首。將所有賭注都押在天然氣上的政策選擇，實在讓人難以理解，這樣荒謬的能源政策，完全禁不起檢驗。

06 科技不會原地踏步

2011 年 3 月 11 日，日本的大海嘯襲擊福島第一核電站，造成全廠停電，關鍵的冷卻系統因此停止運轉，反應爐溫度飆高，導致堆芯空燒，電廠人員為了維護圍阻體的完整性，進行反應爐排壓作業；但排風系統的回流閥門因停電無法作用，導致外排的氫氣逆流回到廠房，最後引發爆炸，釋放大量放射性物質。這次核事故也引爆全球的反核運動。

但是 2022 年，通過整體考量——國家的電力需求、核能發電技術的更新，發生核事故的日本，也重啟了核能發電。

針對海嘯和地震，板塊上的核電廠建設應該有其針對性，就像我們在板塊地帶上的房子，只要強化應對性，並非不可能得到安全。

說實在的，環境運動是進步的，但運動，包括任何運動都有盲目的一面。當一個運動，或一個知識、理論不容許任何質疑，那一定含著非理性的部分，我們要非常警惕。

談到台灣廢核，反核人士最硬的理由是核廢料沒法處理，或是成本太過高昂。核能占全台發電量的 10%，這個缺

口就要用其他方式遞補，我們知道就是用燃煤發電。但是台電的煤灰和各種爐碴、空氣污染，也是沒法處理的污染物。

2020 年，《天下雜誌》記者劉光瑩調查發現，光是爐碴的傾倒造成台灣污染的地方包括，宜蘭五結、冬山、蘇澳、桃園大溪、新豐、苗栗通宵、台中清水、龍井、彰化芳苑、雲林林內、口湖、嘉義義竹、台南北門、學甲、龍崎、歸仁、仁德、高雄茄萣、路竹、大寮、屏東萬巒、枋寮、林邊。可以說，全台灣從南到北都受到爐碴污染。

但是我們要不要火力電廠？要不要焚化爐？要不要製造不鏽鋼？要不要煉鐵、各種重金屬？我們如果不自己製造，就要進口，這樣的話，成本會反映在銷售端，還增加全球碳排放。當這些爐碴埋在土裡，酸鹼值超標，我們不清楚它滲出黃黃綠綠的液體到地底，會對我們產生多久的影響。

火力發電、汽機車排氣會製造空氣污染，可是我們怎麼忍受了這麼多年？

以上這些污染不僅是立即的，而且會影響到幾代人我們根本說不清楚。核能卻是說得比較清楚的，因為有專門的研究人員，還找專門的地方封存，這是可以監控的。

台灣能源比例，2010 年時，核能占全部發電的 19.3％，

到了 2022 年隨著綠能的成長已經下降到 9.1%，這 9.1%來自剩餘的兩座核電站。2024 年當兩座核電站機組停機後，就要以綠能去補足電力需求的缺口——9.1%。我們要犧牲多少土地和自然資源才能滿足這種缺口？

前面我們揭露了加速綠能發電已經造成全台農地、野鳥棲地、自然濕地的流失，造成各種黑金弊案。如果按比例發展下去，綠能需求還要提升好幾倍，這些惡果也將按比例提升和擴大好幾倍嗎？

隨著供電壓力居高不下，日本首相岸田文雄於 2022 年8 月 24 日扭轉乾坤，在核災發生十年後，扭轉非核家園的政策，不僅重啟核電廠，而且進一步開發和建設新一代核電廠，不再採取「不支持建造新核電廠」政策。

依據國際能源署日前發布的《2023 全球電力市場報告》，2023～2025 年，全球電力系統將成長 4%，是 2015～2019 年成長的兩倍，至全球電力系統的核能發電量，總署預估，一半來自中國大陸、印度、日本、韓國，其中韓國和日本已經取消非核政策，而中國和印度將建造更多的核電廠。

韓國總統尹錫悅宣稱，他要提高核能發電到達總發電量

30％，還要成為核設備和技術的主要出口國。資深媒體人彭蕙仙在〈亞洲核能復興，台灣成例外〉一文中介紹，韓國推動碳中和的做法是整合核能與再生能源。日本岸田政府還通過了《原子能基本法》，延長核電廠服役年限。未來日本核電廠的服役時間可超過六十年，這次修法也確立了日本以核能為主的能源政策。

就連世界上最大的石油生產國——沙烏地阿拉伯，也因為看見了全球減碳的能源轉型趨勢，積極探索及發展國內的核能工業，以減少對化石燃料的依賴。加拿大、中國、芬蘭、法國、日本、波蘭、俄羅斯、美國、英國的低碳能源組合，也將包括核電。

日本福島核事故無疑讓全球對核能產生了極大的擔憂和反感，也引發了全球的反核運動。然而，隨著時間的推移和科技的進步，各國也開始重啟核能，日本身為核能事故的受害者，也毅然決然的重新接納核能，不只對於全球、對於台灣，我們也必須慎重考慮自己的能源需求和供應問題。隨著綠能的發展，政府必須承認核能所擁有的優勢，而不是侷限於全力加速綠能發電，進而影響環境。

德國在廢核之後，也並未完全取消核能發電的念頭。德

國交通部長維辛（Volker Wissing）向媒體透露，電動車的環境效益要靠核能發電，否則效益會下降。而廢核之後，能源供電吃緊，電費單價上升，德國社會正承受其後果。

根據媒體報導，2022 年 6 月為止，受到俄國制裁性減少天然氣供應，德國一般家庭的年度電費、燃氣費、供暖費，平均較 2021 年同期高出 58％。戰事稍緩供應恢復後，德國電價又面臨廢核的壓力。雖然，2022 年德國政府曾在戰爭壓力下不再排除核電站繼續運作的可能性，但他們廢核的決心只願意讓核電廠延役一年。

2023 年 4 月，德國關閉 3 座核能電廠，成千上萬的家庭要面對新的現實——比原電價幾乎成長 1.5 倍的民生電費。據《萊茵郵報》報導，一個三口人的德國家庭平均的年電費換算成台幣是 7 萬元。民眾抱怨連連。基民黨（CDU），德國最大反對黨主席麥茲（Friedrich Merz）形容廢核是：「近乎狂熱的偏見」。

因為原油、天然氣、燃煤等原料價格上升，台灣電價在 2023 年已經上升，現在台電瀕臨絕境，大量虧損，綠電收購價又居高不下，如果台電要轉虧為盈，必須將成本轉嫁到用戶端，合理推估，不久的將來台灣的電價還會上升，給社會

帶來衝擊。一般用戶和企業用戶，準備好高電價時代來臨了嗎？

　　台灣是太平洋海島國家，氣候變遷首當其衝，亟需能源型態轉型是沒錯，但是我們有多少本錢能夠全面綠能化，恐怕大家心知肚明。我們畢竟不是歐陸國家，我們沒有那麼多的土地面積，可以提供風電和光電使用。

　　台灣不生產化石能源，就連核電廠的燃料原料鈾也得靠進口，其他能源原料大都也仰賴進口。其中，進口能源比起來最便宜、最乾淨的就是核能。早年民進黨的政治運動搭上環境運動和反核運動，藉著反核運動凝聚反國民黨政權的地方勢力，從居民權益與環境運動上，獲取政治正確的民粹力量。在民進黨 2000 年取得政權後，為了穩定執政，繼續執行核四建案，使反核運動受到有史以來最大的挫敗。民進黨因為不想背叛當初那些一起參與反抗運動的人，逐漸將「非核」內化成自己的意識形態。蔡英文還把非核家園當作是自己競選的政見和承諾。

　　民進黨人認為核能不安全，認為愛台灣就不要用核能，但對火力發電立即與持續傷害國人健康就能一再容忍，這不是反智嗎？這是愛台灣人嗎？不論今天小型模組化反應爐發

展和新一代核能發電技術，民進黨人絲毫不動，在上位者把反核當成神主牌，就像他們把白色恐怖時期滲透台灣的中共烈士當成台灣反抗運動的烈士祭拜，另一面又宣稱自己堅決捍衛民主、反共一樣荒謬。

　　環顧其他亞洲國家，日韓皆極力研發新一代核能，以便宜又乾淨的能源推動社會發展，這是不是新一代的思維，也是可持續性發展跨時代的邏輯，以最低成本推動國家發展。

07 為什麼要以核養綠？

在我們還沒有找到一個完美的、沒有碳氫化合物的能源之前，核能是一個不該除名的選項，而且核能是最低碳的發電方式之一。前面我用了四個章節來說明綠能的真相，不知道有沒有讓讀者了解到，綠能也有其現實不可解決的問題。可惜，媒體的誤導，還有政黨的意識形態，使得核能在不知情的民眾面前被妖魔化。

非核家園政策原意並不是壞的，只是民進黨販賣天真，利用民粹，推動不切實際的能源政策。今天發展成這樣，大家難道覺得可以視而不見嗎？台電破產，要全台灣的納稅人埋單，非核而廢核，導致台灣的電力供應不穩定，阻礙了台灣工商發展，燃煤發電造成空氣污染，大家還沒被輻射污染前，已經日日夜夜被空氣污染毒害，這是我們非核的立即代價，這是可以不被看見、可以被接受的嗎？更有甚者，為了綠能，不惜自廢武功，在《國土計畫法》打開開發的大門，破壞國土空間平衡，這是可以接受的嗎？

微軟創辦人比爾蓋茲近期創建了一家「新一代核能公司」，比爾蓋茲說：「核廢料不應該成為放棄使用核能的原

因。」他認為，核廢料數量與它能產生的能量、能減少的污染相比，根本不是問題。使用化石燃料發電產生的二氧化碳碳排放量是巨大的、立即的，也是不能隔離的。美國能源部將核能列為「零碳潔淨能源」，美國能源局統計，核能占美國發電量的 19%，約占美國零碳發電量的一半。

我希望台灣能走零碳經濟的新未來，而這是排除核能發電無法達成的。從現實考量，台灣現在飽受空氣污染之苦，燃油、燃煤、燃氣國際市場價格攀高，導致台灣電價高升，民生用電、工業用電價格都攀升，物價隨之攀升，這是我們非核家園付出的代價，要全民全面的埋單。

台灣的反核運動，從 1980 年代政府擬建核四就開始成型，至今已超過四十年，堪稱全台最長、最久遠的社會運動，也是許多人不可撼動的信仰。在反核運動盛行當時，人們還未意識到極端氣候事件和氣候變化可能對我們的未來產生影響。

2002 年，政府公布《環境基本法》第 23 條：「政府應訂定計畫，逐步達成非核家園目標。」在朝野共識下，宣示非核家園的共同願景，但同年開始，天氣極乾、濕事件次數不斷增加，2015 年後更加頻繁，也開始出現破紀錄的高溫，

人類漸漸發現極端氣候的嚴重性。

2005 年，人們經過監測，發現化石燃料是導致空氣污染的主要來源。這些空氣中的細懸浮微粒 PM2.5 會對健康產生嚴重威脅，甚至使每個人的壽命平均減少了 2.2 年，而生活在空氣污染最嚴重地區的人，可能會減少 5 年壽命。這時候人們才意識到不能再依賴化石能源，必須減少化石燃料的使用，並且重新評估對核能的態度。

2016 年，民進黨再度執政後，就修法通過「2025 非核家園」，要讓台灣在 2025 年即不必依賴核能發電，徹底將核能排除在外。

急於 2025 就要非核，將會面臨幾個無法克服的重大難題：

首先，台灣將面臨嚴重缺電的問題。電力供應出現難以補足的缺口，綠電發展又不如預期，但台灣需電恐急，開始出現頻繁停電、跳電的新日常，綠電在政府不顧一切的揠苗助長下，也開始出現種種亂象。

其次，淨零轉型刻不容緩，核電乃世界公認的綠電，合理的能源政策應該是以核電加上再生能源，加快腳步淘汰燃煤發電，停止對化石能源的依賴。但為了實現 2025 非核家

園的目標，台灣卻反其道而行，大幅增加對天然氣的依賴，以至於到了 2025 還有高達八成以上的火力發電存在，顯然違反了零碳排放的目標。台灣在 2022 年國際「氣候變遷表現指標（CCPI）」的整體評級非常低，在共 60 個國家或地區中排名第 57 名，主因就是淨零碳排政策缺乏明確方向，根本無法淨零轉型。

再者，核四停建並封存的結果，是台電必須認列核四總計 2,800 多億的資產減損，這造成台電的負債超過其資本額新台幣 3,300 億元，必須由國家增資來彌補，否則就要宣布破產。台電不只面臨破產的窘境，蔡政府棄便宜的核能不用，卻選擇倚賴昂貴的天然氣，導致年年虧損，台灣勢必面臨高電價時代的來臨。

最後，2025 年之後人類將迎來新核能的時代，台灣卻完全反智地拒絕核能，不但陷台灣於國安困境，且自絕於一項改寫人類歷史的新科技之外，將使台灣輸在起跑點，也會失去未來所有相關的科研及產業鏈競爭優勢，造成難以估計的損失。

因此，2018 年，民間有識之士發起「以核養綠」公投，其主文很長，白話文來說就是以「你是否支持在民國 114 年

之後，台灣繼續使用核能？」的問題來進行投票，最終以近590 萬的同意票數、超過投票權人數 1／4 的門檻，順利通過。

「以核養綠」公投有三重含義：

一、核能即綠能，是對環境衝擊最小的安全潔淨能源。

二、用成熟的綠能為不成熟的綠能，打下未來發展的基礎。

三、避免大規模開發再生能源，留給生態休養生息的空間。

再生能源的發展至關重要，但它的技術仍有許多限制。台灣更無法在短時間內完全依賴再生能源發電，因此我們在等待再生能源發展成熟的這段時間，必須採用「以核養綠」的方式，才能維持穩定供電。但我們看到的，卻是蔡政府為了在短時間內提高再生能源發電量，拒絕所有和「核」有關的能源選項，導致現在光電板的浮濫與亂象。

過渡期間不使用核能的話，豈非要靠著不斷地燃油、燃煤、燃氣來補足發電量嗎？如果真的這麼做，造成的不只是全球暖化，還有環境破壞、排放溫室氣體與 PM2.5 造成空氣

污染、危害人民健康。核一、核二、核三終究會除役，但我們能不能像日本一樣先讓核電廠延役呢？急著在 2025 非核的原因究竟是什麼？不能只為了滿足政治口號、意識形態，就讓「2025 非核家園」成為台灣的緊箍咒，排除未來任何的核能選項。

我們現在該做的，就是以現有的核電來養大綠電，並以核電加上綠電來取代化石能源發電。

08 核能新時代

　　就像任何技術會替代更新一樣，核能相關科技也不斷日新月異。現在全球有 440 座核能發電廠，大多數屬於第三代核電技術。1940～1960 年代初的原型反應爐是第一代，1960～1990 年代中期的商用輕水反應堆（Light Water Reactor）利用水作為反應堆的冷卻劑是第二代。第三代也是輕水反應堆，但使用了更可靠的核燃料與反應堆芯，以及被動的冷卻系統。

　　第四代核電技術，改進了之前集中式電廠模式，每座反應堆相較之前動輒 900MW 裝置容量，變成 SMR（Small Modular Reactor，小型模組化反應爐），裝置容量只有 300MW。而另一種微型反應爐甚至是只有數十 MW，造價也便宜很多。

　　英國著名的重工業集團勞斯萊斯公司（Rolls-Royce）宣布，計劃在英國建造、安裝和營運 15 座小型核反應爐。

　　新竹縣長楊文科也提出在新竹科學園區推動小型核反應爐，因為在台灣目前供電業者只有台電，因此許多業者擔憂缺電，紛紛提議在竹科設置 SMR。

而被譽為「人類能源聖杯」、「人造太陽」的核融合能源技術，近年來在先進國家紛紛取得新進展。各國科學家正在積極尋找零碳潔淨能源，美國有線電視新聞網（CNN）指出：國際熱核融合實驗反應爐位於法國南部聖波萊迪朗克（Saint-Paul-lez-Durance），由美國、中國、歐盟、印度、日本、南韓、俄羅斯等 35 國資助開發。2006 年參與國簽署建設協議，2010 年完成地基，2014 年正式啟動建造工程。而此號稱全球最大、最先進的「國際熱核融合實驗反應爐」，未來有機會將核融合更進一步推向實用化，且不會製造任何碳排放。並且核融合過程相對安全許多，產生的核廢料少，僅需少量的天然燃料，是目前全世界都在積極發展的低碳能源。

　　其中，以美國發展核融合的進程最快，另外，包含中國大陸、歐盟也都大量投資發展，為什麼台灣卻沒有呢？在台灣，也有傳聞指出台積電打算自建小型核融合電廠，以確保供電的穩定性。但國科會自然科學及永續研究發展處長羅夢凡認為此技術仍不成熟，最快可能 2040 年才可進行發電測試，真正走到有核融合電廠，保守估計要到 2050 年。

　　國科會主委吳政忠也在立法院教育委員會答詢時指出，

因為核融合電廠距離商轉還要二、三十年的時間。

　　不難看出，各國都在積極找尋乾淨又穩定的能源，比如第四代反應爐及核融合技術，我們鄰近的國家日本、韓國、中國大陸甚至印度都是，也有更多國家紛紛重啟核能，認為核電也是乾淨能源之一，唯獨台灣故步自封，在這時候排除所有核電使用的可能性，未來如果核融合的技術發展順利，就有可能解決現在的能源問題，但是蔡政府所謂的 2025 非核家園是從此不再使用核電，如果三十年後有了成熟的核融合技術，台灣也不能使用嗎？這是否排除了人類進步的可能性？同時，也可能錯失了核融合發展過程中的商機。因此，我們需要重新思考和審視台灣的能源政策。

09 親愛的，你還在反核嗎？

隨著 1905 年的夏天，台灣第一座近代化發電廠「龜山發電所」正式啟用，自此揭開電力時代的序幕，能源與民生用電的普及為我們帶來了繁榮與便利，並促使科技得以日益發達。20 世紀末，聯合國透過觀測地球氣候變遷的現象，使人們開始意識到氣候變遷對人類與地球生態的衝擊，短短二十年間，氣候災害已經更頻繁且更劇烈，尋找潔淨能源與減少溫室氣體排放，早就成為全球各國都需要迫切面對的問題。

1979 年 3 月 28 日，美國賓州的三哩島核電廠發生爐心熔毀事故，上萬名群眾到華府示威抗議，也開啟了全球的反核聲浪。美國最受歡迎的動畫《辛普森家庭》以幽默詼諧的方式諷刺著過去的核電廠，主要角色扮演爸爸的荷馬在虛構的內糊核電廠當安全督察員，動畫中核電廠畫得既陽春又搞笑，老闆則是不計後果又管理鬆散，甚至把核廢料傾倒在遊樂場，而荷馬唯一專長，就是用他巨大的屁股堵住核電廠的漏洞。然而四十年前，我們對於氣候變遷和 PM2.5 等問題還不夠了解，過去美國環保人士積極反核，但如今因為極端氣

候事件不斷增加，且隨著核電技術四十年來不斷進步，環保人士也漸漸了解核電的優勢，甚至開始提倡使用潔淨能源，並要求政府解決氣候難題，確保安全無虞的核電廠繼續運作。

經過了這麼多年，當年核能的技術和我們現在所擁有的技術截然不同。特別是在處理核廢料方面，雖然這些核廢料具有極高的放射性，恐威脅生命；但經過適當的儲存與處理，它其實是徹底安全的。例如，瑞典已經採取先進的核廢料管理方式，將核廢料存在偏遠地區，並謹慎地把儲存槽設置在地下 40 米處，而核廢料置放在水下 8 米的水池深處，因為水是防止放射線最有效的屏蔽。這樣的設計確保了核廢料的儲存安全，同時降低對周圍環境和人類健康的風險。畢竟我們都知道，相較於氣候變遷的窘迫，對電力需求不斷增長，人類正在和時間賽跑，當務之急應該是達到零碳，不要繼續使用化石能源，核能因此成為世界各國共同的選項，並且核廢料並非不可處理的難題。

極端氣候的襲擊下，蔡政府的非核家園政策目標，卻是仰賴化石燃料發電，想達成零碳目標，不只機會渺茫，更是背道而馳，令社會各界都感到焦慮。近期隨著闡述核四廠興

建歷程的書籍《述說龍門》重新出版，核四重啟的話題又再次被提出來討論，學者也紛紛呼籲重新考慮核能，為了零碳的國際共識與目標，各國都逐步提升核能占比了，且當初核四廠興建完成後，也是由幾十位外國專家完成核四檢測，已經通過系統試運轉測試，加上核四廠真的是一個非常大的工程，現在缺工、缺料，也沒有合適場地，再蓋一座一樣規模的電廠幾乎不可能。若核四可以再次經過國際頂尖專家的檢驗與評估，且通過國際標準程序檢驗後，確定安全無虞，我們何不考慮呢？雖說核四公投被否決，但兩年後還可以再公投一次，在一直不斷停電跳電的現在，面臨極端氣候的壓力，或許我們可以更冷靜思考能源問題：為何非常多的國家仍在興建核電廠？為何歐盟要將核能列為綠能？

20 世紀的歷史給人類巨大的教訓，也給了我們很大的啟發。在信奉馬克思主義的政權統治下，人被反覆改造，統治集團運用懲治和洗腦的手段，打造一批追隨者。獨裁狂人深知，他自己走一萬步很累，但他可以煽動一百萬人走出一步，來展現他的意志。當統治集團運用被改造的群眾發起運動，群眾運動就像火車，全速衝向任何他們要打倒或是建立的目標，完全不需依照法律行事，包括他們自己創造的法

律。大躍進、階級鬥爭都是這樣，國家運用暴力、強權和詐欺，鼓吹仇恨、鬥爭、犧牲小我，來實現統治者的政治目標。

不僅共產黨政權懂得群眾運動，納粹也是這方面的好手，這兩個相生相剋的組織，都善於掌握群眾心理，也善於動員群眾。納粹為民眾提供正面的希望，提出新的世界觀，召喚了理想主義者、年輕人等廣大群眾，服膺納粹的理念，凝聚共識，協助剷除黨派之爭，達成一體化極權統治。

搞社會運動起家的民進黨善於宣傳，也善於動員群眾，他們提出令人無法反對的理想、口號，吸引群眾，發動社會運動、政治運動吸引群眾激情投入。

早年民進黨和反核四勢力結合，來推行反對運動。後來民進黨的反核四主張逐漸異化成蔡總統全面的反核運動，進而推動修法廢核。反核運動有一句非常響亮動人的口號「我是人，我反核」，但這句話的邏輯可疑。在他們眼裡「不反核的」就不是人？韓國、日本、美國不反核，在他們眼裡都不是「人」？這種動不動就把自己「人化」，把不同意見者「非人化」是很典型的政治運動、社會運動的「運動式思考」，也就是單一面向思考，缺位思考，甚至不需要思考，

只要有「信念」就夠了，那便成了只有黨意，毫不客觀的意識形態，嚴重阻礙民間社會理性的思辨與對話。

現在，我們不能再忽視極端氣候警訊，讓反核無限上綱，更沒有本錢接受以反核之名繼續使用化石能源，並增加對天然氣的依賴，謀殺了海岸魚群賴以維生的千年藻礁，且無所節制地設置光電板，這些行為對環境的衝擊都是不可逆的，會永久地破壞我們的生態系統，同時對農漁民的生計造成損害。最糟糕的是，因為這個扭曲的結構，使好不容易走出貪腐陰霾的我們，又再次陷入豢養黑金巨獸的黑暗之中。掛著反核的頭，賣著貪腐的肉，這整件事情已經大走鐘了，難道我們還要假裝沒看見，義無反顧地繼續反核嗎？現在該是停下來的時候了，脫離浩蕩的群眾大隊，冷靜地深思熟慮，重新檢視客觀的事實，一起面對真正威脅人類文明存亡的氣候危機。

地球是世界共榮共享的，親愛的，你還在反核嗎？

參考資料

第一章

1. 養殖漁業放養量查詢平臺：農業部漁業署網頁，檢自 https://fadopen.fa.gov.tw/fadopen/service/listLicenseAddUpWeeklyReport.htmx（2023.09.20）

2. 〈獨家調查〉「我兩年沒頭路了」小漁民被光電大戶逼走　南台灣漁電共生亂象〉，《天下雜誌》，2023.01.09。檢自 https://www.cw.com.tw/article/5124368（2023.09.20）

3. 〈農業部門肩負逾 4 成光電目標　漁電利益是否衝突？農委會強調「以農為本」保障漁民〉，《農傳媒》，2022.10.26。檢自 https://www.agriharvest.tw/archives/91242（2023.09.20）

4. 〈全球陸上養殖的發展趨勢〉，農業部水產事業所。檢自 https://www.tfrin.gov.tw/News_Content.aspx?n=4086&s=239977（2023.09.20）

第二章

1. 1989 年全球黑面琵鷺數量只剩下 288 隻，其中有 150 隻在台灣（Journal of Asia-Pacific Biodiversity），檢自 https://www.sciencedirect.com/science/article/pii/S2287884X20300054（2023.09.20）

2. 〈「完全是人類的錯！」最新研究宣告：地球第六次物種大滅絕已成「現在進行式」〉，《風傳媒》，2020.06.03。檢自 https://www.storm.mg/article/2718638?kw=%E5%AE%8C%E5%85%A8%E6%98%AF%E4%BA%BA%E9%A1%9E%E7%9A%84%E9%8C%AF&pi=0（2023.09.20）

3. 〈地球愈暖化、流行病愈多？氣候緊急時代，COVID-19 只是開端〉，《報導者》，2020.12.16。檢自 https://www.twreporter.org/a/climate-change-pandemic（2023.09.20）

4. 〈高速公路、隔音牆都能架設太陽能光電板！瑞、荷等國將交通要道變成發電廠〉，《上下游新聞》，2023.06.28。檢自 https://www.newsmarket.com.tw/blog/188452/（2023.09.20）

5. 〈知本濕地被開溝放流　水乾鳥散〉，《自由時報》，2015.03.07。檢自 https://news.ltn.com.tw/news/local/paper/860775（2023.09.20）

6. 知本濕地早已被國際鳥盟劃為「重要野鳥棲地」（Important Bird Area, IBA），參考自〈知本濕地活化記〉（台灣濕地網，2017.02.02）。檢自 https://wetland.e-info.org.tw/file/east/2680（2023.09.20）

7. 〈處處種電！東海岸最大的溼地、草鴞的家，將種 161 公頃光電？〉，《窩窩雜誌》，2020.09.10。檢自 https://wuo-wuo.com/report/171-wuo-weekly-news/weekly/1205-wuonews_wetland_photoelectric（2023.09.20）

8. 《2020 臺灣國家鳥類報告》（*The State of Taiwan's Birds*），社團法人中華民國野鳥學會，檢自 https://www.bird.org.tw/sites/default/files/field/file/report/2020%E8%87%BA%E7%81%A3%E5%9C%8B%E5%AE%B6%E9%B3%A5%E9%A1%9E%E5%A0%B1%E5%91%8A_20210129%E4%BF%AE%E6%AD%A3.pdf（2023.09.20）

9. 〈鳳梨田改租給種電，收入翻十倍！關廟地主：我是為了留錢給孩子〉，《天下雜誌》，2020.12.28。檢自

https://www.cw.com.tw/article/5104680（2023.09.20）

10. 我國近 5 年再生能源裝置容量平均年增 21.9%，成長速度高於全球平均（經濟部本部新聞，2023.07.17），檢自 https://www.moea.gov.tw/MNS/populace/news/News.aspx?kind=1&menu_id=40&news_id=110567（2023.09.20）

11. 〈彰化魚塭旁棄置 800 片太陽能板 包商、地主遭法辦〉，《自由時報》，2018.11.08。檢自 https://news.ltn.com.tw/news/society/breakingnews/2606477（2023.09.20）

12. 「廢太陽能光電板回收處理規劃說明」，環保署－生活廢棄物質管理資訊系統，2020.05.04。檢自 https://hwms.epa.gov.tw/dispPageBox/roswaste/roswasteCp.aspx?ddsPageID=NEWSOT1&dbid=4593718174（2023.09.22）

第三章

1. 〈經濟成長力道強 2025 年再生能源裝置量目標不變〉，經濟部能源局，2022.01.03。檢自 https://www.moeaboe.gov.tw/ECW/populace/news/News.aspx?kind=9&menu_id=4360&news_id=24010

（2023.09.20）

2. 《能源政策專案報告》，行政院全球資訊網，2018.05.04。檢自 https://www.slideshare.net/OpenMic1/20180504-95896898（2023.09.20）

3. 「全力衝刺太陽光電」，行政院全球資訊網－重要政策，108.10.29。檢自 https://www.ey.gov.tw/Page/5A8A0CB5B41DA11E/4413b416-5f1e-419b-9a39-5a02c8a3ba8c（2023.09.20）

4. 農業部《農業主管機關同意農業用地變更使用審查作業要點》：非都市土地農牧用地、林業用地、養殖用地及都市計畫農業區、保護區之農業用地變更作太陽光電設施使用，其變更使用面積未達二公頃，不同意變更使用。但符合下列情形之一，且無第五點各款情形之一者，得申請變更使用：（一）為自然地形或其他非農業用地所包圍、夾雜之零星農業用地。（二）屬中華民國一百零九年七月三十一日前經台灣電力股份有限公司核准再生能源發電設備併聯審查意見書或行政院核定「一百零九年太陽光電 6.5GW 達標計畫」列管有案之太陽光電專案推動區域。

5. 經濟部提出「綠能發展區」政策，優先於低地力農地、非養殖生產區的魚塭推動光電；「非都市土地使用管制規則」內政部 2023 年 6 月中預告修正，配合放寬農牧用地限制，「綠能發展區」可不受現行 660 平方公尺的面積限制。若屬低污染工廠者，第一階段需完成「特定工廠登記」，以取代臨時工廠登記，低污染工廠必須在 2022 年 3 月 19 日前申請納管、2030 年 3 月 19 日前取得「特定工廠登記」；第二階段則必須完成「特定目的事業登記」，符合特登工廠取得特目的基本條件者，必須在 2032 年 3 月 19 日前提出用地計劃申請，2040 年 3 月 19 日前須取得特目登記。

6. 根據經濟部預告「特定工廠申請變更編定為特定目的事業用地審查辦法」草案，特登工廠取得特目的基本條件包含三點：一、申請前 3 年內不得有經環保機關認定、情節重大的環保違規。二、需繳交原本農地當期公告現值之 50% 作為回饋金，留作地方公共排水設施等用途。三、應設置屋頂型太陽光電，且面積不得低於廠房屋頂的 50%。

7. 〈綠能頻踩雷！「大糧倉」與「低地力」矛盾，農漁民

恐被光電「吃乾抹淨」，環團籲做好空間規劃〉，《上下游新聞》，2023.06.01。檢自https://www.newsmarket.com.tw/blog/186957/（2023.10.06）

8. 〈低地力、非養殖漁業區修法設光電　農委會：綠能發展區將由經濟部管理〉，《農傳媒》，2023.07.06。檢自https://www.agriharvest.tw/archives/104362（2023.10.06）

第四章

1. 《能源政策專案報告》，行政院（2016）。

2. 《2017 全國工業總會白皮書》，中華民國全國工業總會（2017）。檢自 https://drive.google.com/file/d/0B7Srh1VrhBDIN25Od3pTMlA4ZDQ/view?resourcekey=0-tcDvoit6B9Iv7oJVMBb8xw（2023.09.20）

3. 《全國電力資源供需報告》，經濟部。

4. 《109 年太陽光電 6.5GW 達標計畫》，經濟部能源局。

5. 《臺灣 2050 淨零排放路徑及策略總說明》，國家發展委員會。

6. 「每日預估尖峰備轉容量率」，台灣電力公司。檢自

https://www.taipower.com.tw/d006/loadGraph/loadGraph/load_reserve_.html（2023.09.01）

7. The World Nuclear Industry Status Report . Number of Reactors. 出自 https://www.worldnuclearreport.org/（2023.09.18）

8. United Nations Framework Convention on Climate Change. Paris Agreement - Status of Ratification. 出自 https://unfccc.int/process/the-paris-agreement/status-of-ratification（2023.09.18）

第五章

1. the Met Office. Press Office. Record breaking 2022 indicative of future UK climate. 出自 https://www.metoffice.gov.uk/about-us/press-office/news/weather-and-climate/2023/record-breaking-2022-indicative-of-future-uk-climate（2023.09.22）

2. 〈全球平均溫度長期趨勢監測報告之臺灣 11 個平地站平均氣溫長期趨勢〉，《氣候監測報告》第 112-03 期，頁 16，交通部中央氣象局（2023）。

3. 「PM2.5 是什麼？」，屏東縣政府環保局網站。檢自 https://www.ptepb.gov.tw/News_Content.aspx?n=718A4BD53 437A014&sms=29841AE05DB47DEF&s=68C1422CF4E98D 1D（2023.09.22）

台灣光電綠能通識讀本

從太陽能板、反核到生態浩劫、黑金弊案，一次讀懂台灣的能源危機

作　　者	鄭麗文
編輯協力	潘韻婷、吳亞宸、林子荳
封面設計	TODAY STUDIO
內頁排版	菩薩蠻事業股份有限公司
業務發行	王綬晨、邱紹溢、劉文雅
行銷企劃	黃羿潔
資深主編	曾曉玲
總 編 輯	蘇拾平
發 行 人	蘇拾平
出　　版	啟動文化
	Email：onbooks@andbooks.com.tw
發　　行	大雁出版基地
	新北市新店區北新路三段 207-3 號 5 樓
	電話：(02)8913-1005　傳真：(02)8913-1056
	Email：andbooks@andbooks.com.tw
	劃撥帳號：19983379
	戶名：大雁文化事業股份有限公司
初版一刷	2023 年 11 月
定　　價	460 元
ISBN	978-986-493-155-2
EISBN	978-986-493-157-6（EPUB）

國家圖書館出版品預行編目(CIP)資料

台灣光電綠能通識讀本：從太陽能板、反核到生態浩劫、黑金
弊案，一次讀懂台灣的能源危機 /鄭麗文著. -- 初版. -- 臺北市：
啟動文化出版：大雁文化事業股份有限公司發行, 2023.11
　　面；　公分
ISBN 978-986-493-155-2（平裝）

1.太陽能發電　2.再生能源　3.環境保護

554.68　　　　　　　　　　　　　　　　112015939